Dualität

Aus geistiger Sicht.

Dualität

Aus geistiger Sicht.

Günther Messerschmid

Bibliografische Information der Deutschen Nationalbibliothek: Die Deutsche Nationalbibliothek verzeichnet diese Publikation in der Deutschen Nationalbibliografie; detaillierte bibliografische Daten sind im Internet über **dnb.dnb.de** abrufbar.

Herstellung und Verlag:
BoD - Books on Demand, Norderstedt

ISBN 9 783755 773306

Inhaltsangabe:

Vorwort

Es gibt viele Definitionen zur Dualität, Realität und zur Materie. Wir beschreiben diese, unsere Welt mit unseren körperlichen Sinnen. Aber wir sind blind für unsere geistige Wahrnehmung. Sie ist das Gegenteil zu unserer körperlichen Wahrnehmung und der entgegengesetzte Teil zu den mit unserem Körper verbunden Sinnen.

Zu früheren Zeiten wurde unsere geistige Wahrnehmung als spirituelle Sicht und dann irgendwann als Spinnerei abgetan. Sie war oft genug nicht wahr, gekünstelt, zweifelhaft, vorgeschoben oder nicht bzw. nur über Umwege beweisbar und für die rationalen Mitbürger unvollkommen. Der Grund für die heutige Missachtung unserer geistigen Fähigkeiten mag darin liegen, dass sich der Körper des Menschen in Jahrmillionen aus einfachen Zellen entwickelt hat und wir uns nicht vorstellen können, dass unsere Wahrnehmung über die unseres Körpers hinausgeht. Wir müssen nur lernen, sie richtig zu interpretieren. Das soll heißen, wir sollten lernen, unsere eigene geistige Wahrnehmung richtig zu verstehen.

Wir sind glücklicherweise heutzutage nicht mehr so zurückhaltend, was unsere geistige Kompetenz angeht. Es sind wir Menschen, die in der Materie in menschlichen Körpern den menschlichen Geist zum Ausdruck bringen können, wenn wir wollen.

Wir sind eingeschränkt, weil wir nur einen Teil unserer Wahrnehmung zulassen. Das war in der Materie immer schon so und deshalb hinterfragen wir unsere Wahrnehmung nicht. Warum schon aus historischer Sicht die Hälfte unserer Wahrnehmungen nicht beachtet wurden, warum wir nur einen Teil unserer Fähigkeiten nutzen, ist auch darauf zurückzuführen, dass man uns schon in unserer Historie „klein" halten wollte. Auch um unser Wachstum über Hierarchien hinaus zu verhindern. Das können sicher Wissenschaftler in Studien herausfinden.

Weil es die Materie gibt, existiert auch das Gegenteil dazu, der Geist. Raum und Zeit, Hell und Dunkel sind Erscheinungen der gleichen Grundlage. Wie der Ursprung eines Körpers materiell ist, ist der Geist immateriell. Zusammen bilden sie die Dualität.

Unsere klassischen fünf Sinne sind Hören, Riechen, Sehen, Schmecken und Tasten. Zusätzlich dazu können wir Fühlen und haben eine Körperbalance. Tasten ist für die Finger und Hände gemeint, weil es eine andere Sensorik in unserem Körper anspricht wie das Fühlen des Körpers in einem dunklen Raum. Mit diesen sieben Sinnen nehmen wir unsere Umgebung wahr. Wer schon einmal zu tief in ein Glas geschaut hat, kann feststellen, dass ihm ein Teil oder wenn es ganz schlimm kommt, alle Sinne fehlen.

Uns fehlen dann nicht nur die körperlichen Sinne, uns fehlen dann auch unsere geistigen Sinne. Zumindest sind sie nicht komplett. Wenn wir die üblichen Definitionen für Sinne berücksichtigen, fehlt bei dieser Betrachtung noch unsere Erinnerung. Sie ist körperlich erfahrbar und gleichzeitig geistiger Natur. Wem schon einmal wodurch auch immer, die Erinnerung längere Zeit gefehlt hat, weiß, auf was er verzichten muss. Daher gehört sie auch zu den Sinnen, womit wir schon bei acht wären.

Nehmen wir zu unseren körperlichen Sinnen noch unsere geistigen Sinne, können wir langsam aufhören zu zählen. Wir sollten überdenken, ob die alte, historische Sinnesbetrachtung noch für den modernen Menschen gilt. Mit unserem Gehirn wären wir in der Lage, unsere reale Umgebung zu erfassen und auch einen beträchtlichen Teil unserer geistigen Sinne zum Ausdruck zu bringen.

Das Ergebnis wäre dann eine viel umfangreichere Wahrnehmung, als die, die wir jetzt schon kennen. Wir müssten halt von Kindesalter an schon üben, wie mit den klassischen Sinnen auch.

So etwas nennt man Neugierde wecken.

Der Oberbegriff für Materie (Realität) und Geist (Inspiration) ist die Dualität. Wir leben in der Dualität. Alles hat ein Gegenteil, wie hell - dunkel, kalt - warm oder männlich - weiblich. Im Sinne der Dualität, oder wie wir diesen Zustand auch nennen, der Realität, ist unsere körperliche Wahrnehmung das Gegenteil zu unserer noch unerforschten geistigen Wahrnehmung. Sie ist uns unbekannt, wir kennen sie an uns selbst nicht. Das geht so lange, bis wir einen Weg zu uns selbst gefunden haben und dabei unsere geistigen Sinne kennenlernen.

Kapitel I:
Vergangenheit und Gegenwart

Worum geht es bei der Spiritualität?

Wir sind nicht nur materielle Wesen. Wir haben zusätzlich zu dem Leben, das wir hier führen, auch Gefühle. Gefühle sind ein starker Hinweis darauf, dass etwas belebt ist.

Vor Tausenden von Jahren haben Menschen in allen Kulturen versucht, ihre Erkenntnisse weiter zu geben. Diese Erkenntnisse wurden festgehalten und bestehen bis heute in Form von Religionen. Dabei ist es nicht so wichtig, was die Religionen aussagen. Im Grunde gleichen sich alle Religionen. Sie sind durch die Kulturen, in denen sie entstanden sind, getönt. Das soll heißen, dass sie an Menschen angepasst sind, damit diese sie besser verstehen. Wichtig ist eine Gemeinsamkeit, die alle Religionen haben. Es ist die Aussage, dass es eine spirituelle Welt gibt.

Da wir in der Dualität leben, haben Religionen nicht nur diese Stärke, sondern auch eine Schwäche. Ihre Schwäche ist, dass sie sich nicht mit den Menschen weiterentwickeln. Da dies teilweise schon seit Jahrtausenden der Fall ist, brauchen wir uns auch nicht wundern, wenn sich Menschen und ihre Religionen immer weiter voneinander entfernen.

Die Logik ist doch ganz klar. Die einen entwickeln sich nicht weiter, weil sie bewahren wollen und die anderen entwickeln sich weiter, weil sie versuchen, mit ihrer eigenen Entwicklung zu gehen. Aus diesem Grund klafft die Schere immer weiter auseinander.

Die Menschen entfernen sich nicht nur von ihren Religionen, sie entfernen sich vor allem von sich selbst. Das geht heutzutage so weit, dass wir völlig vergessen haben, dass wir nicht nur materiell sind, d. h. aus Materie bestehen, sondern auch geistige Wesen sind. Dazu sind einige Definitionen hilfreich:

<u>Spiritualität</u>: Es geht bei der Spiritualität um die Akzeptanz und die Pflege neben unserer materiellen Seite auch unserer geistigen Seite. Dadurch sind wir auch für die geistige Welt offen.

<u>Materie</u>: Bezeichnet die am niedrigsten schwingende Energieform in der spirituellen Welt. Sie wurde geschaffen, um lebenden Wesen ein völlig eigenständiges Leben zu ermöglichen. Kennzeichen der Materie ist, dass sie eine Masse hat. Deshalb sind schon Atome und deren Teile materiell. Beeinflussungen finden nur untereinander statt, nicht aus der spirituellen Welt.

<u>Inspiration</u>: Eine unkomplizierte Betrachtung dazu wäre eine Situation, in der wir eine Idee haben. Das ist, wenn von unserem Geist ein Gedanke bis in unser Bewusstsein vordringt.

<u>Geistige Welt</u>: Bezeichnet in diesem Buch die Welt, in die wir nach unserem Sterben gehen können. Das Sterben ist ein Wandlungsprozess. Wir können in der Materie bleiben oder nach den vielen Leben auf der Erde in die geistige Welt zurückkehren. Dazu ist es notwendig, dass wir neben allem anderen materiellen auch unseren irdischen Körper zurücklassen. Von der materiellen Welt braucht man in der geistigen Welt nichts. Wenn wir diesen Schritt gehen wollen, nimmt man uns als geistige Wesen gerne in der spirituellen Gemeinschaft auf.

Das Gegenteil von Realität ist Inspiration

In unserer Sprache (deutsch) gibt es kein Gegenteil von Realität. Die vorhandenen Begriffe sind lediglich unvollständige Umschreibungen. Es gibt keinen Begriff, der vollständig das Gegenteil der Realität beschreibt. Es ist eigenartig, aber scheinbar kommt dieser Begriff nicht verlässlich in unseren Sprachen vor und kann daher nur beschrieben werden.

Es bieten sich als Gegenteil für Realität verschiedene Begriffe an. Am besten nähern wir uns dem Gegenteil an, indem wir beschreiben, was wir unter Realität verstehen und dann das Gegenteil davon beschreiben und diesem Gegenteil einen Begriff geben. Mit dieser Vorgehensweise können wir ein passendes Wort finden.

Wir verstehen unter Realitätssinn die Fähigkeit von Menschen, diese Realität über die Sinne seines Körpers wahrzunehmen und mit ihr zu agieren. Das Gegenteil davon wäre dann die Fähigkeit von Menschen, Dinge wahrzunehmen, die außerhalb der organischen Funktionen des Körpers liegen. Diese Wahrnehmung wäre dann also geistiger Natur und nicht körperlich.

Ein Nachteil des Umgangs mit der nicht realen Wahrnehmung ist, dass sie negativ und zu einseitig emotional behaftet ist. Was wir nicht über unseren Körper wahrnehmen können, ist nach Meinung vieler bestenfalls eine Spinnerei, im schlechtesten Fall krankhaft. Wohlgemerkt in der üblichen Meinung. Auch deswegen lässt sich das Gegenteil von Realität mit Fiktion, Illusion,

Fantasie oder dergleichen schlecht ausdrücken oder besser: fehlinterpretieren. Keiner dieser Begriffe kommt dem Gegenteil des in diesem Buch gemeinten Ausdrucks der Realität nahe. Wie wäre es dann mit Inspiration? Wir sind von einer Idee unseres Geistes so überzeugt, dass wir sie in Realität bringen wollen. Früher war diese Form der Eingebung göttlicher Natur. Warum diesen Begriff nicht auf Menschen erweitern? Früher wurde die Fähigkeit bestenfalls Künstlern zugetraut. Besonders Maler oder Komponisten konnten mit ihrer Schaffenskraft überzeugen. Heute wissen wir, dass diese Form von Ideen und Wahrnehmungen unseren eigenen, nicht körperlichen, sondern geistigen Sinnen entspringen.

Genau das wäre der respektvolle Umgang mit einer noch nicht in ihrem ganzen Umfang entdeckten Fähigkeit des Menschen, die Inspiration. Sich beispielsweise Gegebenheiten und Abläufe in Gedanken oder Gefühlen nicht nur vorstellen, sondern auch wahrnehmen zu können, die real nicht wahrnehmbar sind, aber in der Realität existieren. Nur weil wir etwas durch unseren Körper nicht registrieren können, bedeutet es nicht, dass es das nicht gibt.

Bingo! Jeder Mensch kann sich weiter entwickeln, sobald es für seine Entwicklung nötig ist oder wenn er es möchte. Erreichbar schon in diesem, unserem materiellen Dasein ist die Entwicklung der höheren, also der geistigen Fähigkeiten. Das Leben nicht nur mit den Fähigkeiten des Körpers, sondern auch mit den Fähigkeiten des Geistes wahrzunehmen, ist allemal lohnenswert und bringt uns selbst näher.

Selbst diejenigen, welche eine solche Wahrnehmung für möglich halten, tun diese oft mit „Spinnerei" ab. Woher sollte man es auch besser wissen, wird doch schon bei Kindern diese Art der Wahrnehmung unterdrückt.

Solange wir unsere Wahrnehmung nur auf die körperlichen Sinne beschränken, nutzen wir nur einen kleinen Teil dessen, was wir wirklich können. Die Beschränkung unseres Geistes auf unseren Körper funktioniert. Sie funktionier so gut, dass wir in unserer Entwicklung nichts anderes zugelassen haben und der Meinung sind, dass wir unser Körper sind.

Dabei könnten wir so viel mehr. Wir sind viel mehr wie unser Körper, da wir nicht auf die Materie beschränkt sind. Wohlgemerkt als geistige Wesen. Wir benötigen nur unseren Körper, um uns in der Materie zum Ausdruck bringen zu können.

Wir sollten uns auch bei Interesse für die geistige Wahrnehmung klar machen, dass sie uns genau so wenig wie die körperliche Wahrnehmung in den Schoss fällt. Wir brauchen als Babys und Kinder Jahre, um mit unserem Körper in unserem Sinn umzugehen. Wir brauchen auch Jahre, um mit unseren geistigen Fähigkeiten umzugehen. Wir müssen es in jedem irdischen Leben wieder lernen, in unserem neuen Körper mit unseren alten Fähigkeiten umzugehen - mit dieser für uns jedes Mal neuen Kombination umzugehen.

Realität + Inspiration = Dualität

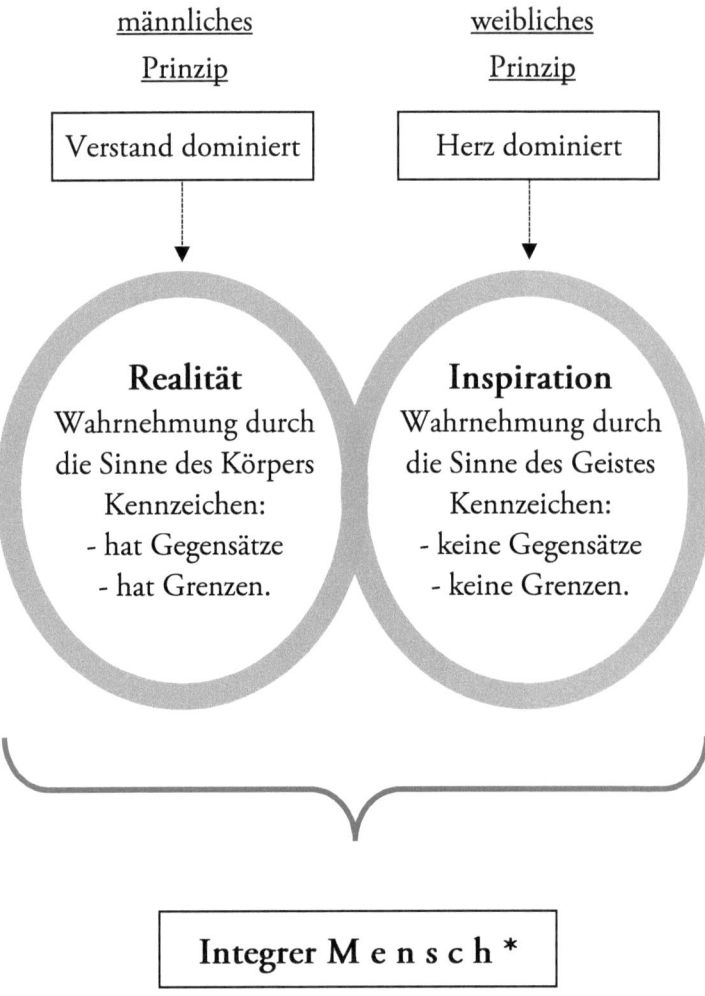

männliches
Prinzip

weibliches
Prinzip

Verstand dominiert

Herz dominiert

Realität
Wahrnehmung durch
die Sinne des Körpers
Kennzeichen:
- hat Gegensätze
- hat Grenzen.

Inspiration
Wahrnehmung durch
die Sinne des Geistes
Kennzeichen:
- keine Gegensätze
- keine Grenzen.

Integrer M e n s c h *

* Achtet Grenzen von allem Lebenden, auch die eigenen.

Die Vereinigung der Dualität

Erklärung: Die entgegengesetzten Kräfte der Dualität bringen uns Menschen im Speziellen und die Menschheit im Allgemeinen bis jetzt nur in den materiellen Fragen weiter. Unsere ganzen Errungenschaften beruhen auf dieser Tatsache. Wir meinen, wir sind die Größten, weil wir Feuer machen können, durch die Gegend fahren und fliegen, große Kanonen bauen, Roboter Menschen töten lassen oder Viren in Laboren züchten usw.

Das alles geht nur über diese Realität und innerhalb der Materie. Wir meinen, dass wir gut vorankommen. Solange wir nur auf unsere körperlichen Sinne achten, hat die technische Entwicklung ein Alleinstellungsmerkmal. Wenn wir der Dualität, also dem Gegensatz der Dinge folgen, muss unsere Realität, die ja ein Ausdruck der Dualität ist, einen Gegenpart haben. Der Gegenpart zur Realität wäre die Spiritualität. Jetzt ist es so, dass dieser Begriff in der Vergangenheit ziemlich missbraucht wurde. Wie, das weiß jeder zur Genüge selbst. Darauf brauchen wir nicht näher einzugehen.

Was wäre für uns Menschen und unsere Fähigkeiten ein Ersatzbegriff? Beide, Menschen und ihre Fähigkeiten, wurden in den vergangenen Jahrhunderten missbraucht. Wenn wir von den Möglichkeiten des Menschseins und den Fähigkeiten eines Menschen ausgehen, wurden beide wenig gefördert und so klein gehalten, dass Menschen niemals ihre eigentliche Größe erreichen konnten. Die Spiritualität wäre ein Weg gewesen, die Menschheit zu entwickeln. Diese Chance wurde vertan. Die

Verantwortlichen, man könnte auch Machthaber sagen, wollten lieber unter sich bleiben, anstatt darauf zu achten, dass die Völker und insbesondere die Menschen an der Weiterentwicklung teilhaben.

Streichen wir also Spiritualität als Erklärung für unsere Fähigkeit, die Sinne unseres Geistes zu nutzen. Es ist nur ein Wort. Lassen wir den Begriff Spiritualität dort, wo sie ihn für sich in Anspruch nehmen und anderen nicht gönnen. Das hätte für uns normale Menschen einen großen Vorteil. Der Vorteil wäre, dass man nicht spirituell sein muss, um mit geistigen Wesen zu kommunizieren. Unsere geistigen Fähigkeiten würden dann normal genutzt und wären nichts Außergewöhnliches.

Nehmen wir also für unsere geistigen Sinne einen wohlgefälligen und für jeden gleichermaßen zutreffenden Begriff. Wählen wir die Inspiration. Dieser Begriff ist nicht negativ behaftet und auch über die Jahrhunderte nicht missbraucht worden. Und vor allem: Jeder Mensch hat sie, jeder ist auf seine Weise inspiriert und braucht seine Inspiration nur zulassen. Und schon ist er mit seiner spirituellen Welt verbunden.

Der Gegenpart zur Realität ist es die Inspiration. Es sind Begriffe wie Tag und Nacht, männlich und weiblich, Gut und Böse. Sie müssen existieren, weil wir uns in ihnen entdecken können und weil wir sie für unsere Entwicklung benötigen. Die Herausforderung an uns als geistige Wesen ist die Vereinigung der unterschiedlichen Wirkprinzipien der Dualität zu einem vollkommenen Ganzen mithilfe unserer höheren Sinne.

So verrückt ist das gar nicht, wenn wir an einem Beispiel schauen, was möglich ist: Nehmen wir in unserer materiellen Welt das männliche und das weibliche Prinzip. Frauen ziehen Kinder groß, kochen oder stopfen Socken. Männer sorgen für ein Einkommen, das die Familie leben kann. So sind im Groben die Rollenverteilungen. Männer sind relativ hilflos, wenn sie einen Pullover stricken oder Socken stopfen müssen. Andersrum verhält es sich mit Frauen, wenn sie ein Auto reparieren oder eine Waffe reinigen.

Wie wäre es, wenn wir Kinder während ihrer Erziehung nicht nur das lehren, was wir für richtig halten, sondern auch das zeigen, was die Kinder wollen? Unsere europäischen Gesellschaften tendieren immer mehr zu solchen Lösungen. Durch ein solches (freiheitliches) Verhalten in der Erziehung öffnet sich die Möglichkeit, dass künftige Generationen Zugang zu ihren geistigen Fähigkeiten bekommen, wie sie sich auch Zugang zu ihren körperlichen Fähigkeiten erarbeiten.

Der Unterschied zwischen Himmel und Hölle ist die Trennung zwischen Gut und Böse. Durch diese Trennung segelt unser Schiff buchstäblich in zwei Richtungen. Dadurch geht die Kraft für den einen richtigen und gehbaren Weg verloren. Unter gehbar ist an dieser Stelle gemeint, dass der Entwicklungsweg für Menschen möglich ist. Es gibt schon im hier, in diesem Leben in dieser Realität einen Weg für Menschen und die Menschheit zur Weiterentwicklung. Es ist der Weg der friedlichen Koexistenz der Kräfte - und zwar aller Kräfte, auch die unserer höheren Sinne.

Es mag unerfüllbar klingen, aber es liegt im Bereich des für Menschen Möglichen, die Vereinigung von Gegensätzen. Wenn wir ausschließlich wie bisher in der Materie verhaftet bleiben, gelingt uns die Vereinigung nicht. Wenn wir uns aber auf unsere geistigen Fähigkeiten besinnen, sind die Gegensätze der Materie für uns nicht mehr unmöglich, sondern überwindbar. Sie sind dann nur noch eine Herausforderung.

Nennen wir einige Beispiele der Dualität:

Tag - Nacht, männlich - weiblich, gut - böse, rund - eckig, arm - reich, groß - klein, dick - dünn, Wahrheit - Lüge, oben - unten, rechts - links, inländisch - ausländisch, warm - kalt, teuflisch - göttlich, progressiv - konservativ, jung - alt, Herz - Verstand usw.

Wir können die Dualität und damit die Materie und deren physikalischen Gesetze nicht verändern. Aber wir können mit der Veränderung in uns beginnen.

Beispiele für Gegensätze, die wir für uns selbst mithilfe unserer körperlichen und unserer geistigen Sinne annähern oder auch vereinen können und das ist das Wichtige dabei - die es so getrennt wie in der Materie in der spirituellen Welt nicht gibt:

- **gut - böse**
  Die Natur bzw. das Leben wird nicht verurteilt, sie steuern sich selbst.
- **arm - reich**
  Als geistiges Wesen braucht man kein Geld.

- **Wahrheit - Lüge**
  Lügen würde erkannt und ist deshalb nicht nötig.
- **männlich - weiblich**
  Wir haben beide Eigenschaften, da geistige Wesen unsterblich sind, brauchen wir kein Geschlecht.
- **Herz - Verstand**
  Diese beiden Eigenschaften zeichnen das Menschsein aus. Nur wenn wir beides gleichberechtigt nutzen, kommen wir unserer wahren Natur näher.
- **teuflisch - göttlich**
  Diese Unterscheidung hat man nur in der Materie.
- **inländisch - ausländisch**
usw. ...

Wir Menschen können bei uns selbst damit beginnen, schon in unserem irdischen Dasein „aufzuräumen". Nicht alles, was wir tun, ist in Ordnung und bedarf unserer Aufmerksamkeit. Wo wir Grenzen berücksichtigen sollten, ist das Eingreifen in die Natur. Was wir dann ziemlich schnell feststellen werden, dass zu viele Menschen den Planeten bevölkern.

Der Kapitalismus führt uns an und über die Grenzen des Planeten. Es ist unsere Entscheidung, ob wir auf dessen Grenzen Rücksicht nehmen oder die Antwort auf unser Verhalten abwarten. Es wäre besser und für uns leichter, wenn wir selbst eine Lösung finden, als wenn die Natur sie finden muss. Richtlinie für uns alle ist dabei das Gleichgewicht der Kräfte.

Ab wann können wir uns in der Materie nicht mehr weiterentwickeln?

Die Materie ist begrenzt und damit auch alles in der Materie. Man kann es sich kaum vorstellen. Doch unsere Wissenschaft ist in der Lage, die Anzahl der Sonnen in unserer Galaxie, der Milchstraße, abzuschätzen. Weiterhin kann sie die Anzahl der Galaxien in unserem bekannten Universum schätzen und das fast bis zum Urknall. Die Anzahl aller Sonnen in allen uns bekannten Galaxien in unserem Universum scheint also endlich zu sein. Auch wenn die Anzahl der Sonnen in den Galaxien (geschätzte 2,25e+22) für unsere Verhältnisse ziemlich groß ist, bleibt sie doch endlich. Auch wenn wir es nicht glauben und nicht wahrhaben wollen, die Folge ist, dass auch unsere Entwicklung auf der materiellen Ebene ihre Grenzen hat. Sie ist an die Dualität, und als Bestandteil davon an Zeit und Raum gebunden.

Dadurch dass es in der Materie die Dualität gibt, ist sie für die Wirkung von Zeit und Raum offen. Zeit und Raum sind jedoch Begrenzungen, die für geistige Wesen, wie wir es sind, nicht gültig sind. Wir sind in diese Umgebung zwangsverfrachtet und haben dadurch die Möglichkeit, uns zu dem zu entwickeln, was wir wirklich sind.

Um das Folgende richtig zu verstehen, lassen wir uns kurz auf die elterliche Betrachtung ein. Wie ist es für einen Erziehenden, der seinen Schützlingen etwas beibringen möchte? Die Schützlinge brauchen das Gelehrte nicht anzunehmen, wenn sie nicht wollen. Sie sollten aber zumindest Kenntnis darüber haben, was alles möglich ist und welche Konsequenzen ihr Handeln haben kann. Ist das Wissen vermittelt, können die Schützlinge durch ihr tun selbst bestimmen, wie sie ihr Leben verbringen wollen. Wichtig für eine Beurteilung ist, die Schützlinge zeigen ihre Einstellung nicht durch Worte, sie zeigen ihre Einstellung durch ihr handeln.

Ist diese Regel verstanden? Einfach ausgedrückt bedeutet sie: Jeder bestimmt selbst über sein Fortkommen.

Zurück zur Materie. Die Materie ist die Umgebung, in der wir in unserem Universum leben. Sie bietet uns durch ihre Gegensätze die Möglichkeit zur Entwicklung. Zeit und Raum sind auch ein Gegensatz, den wir nur noch nicht verstanden haben. Sie sind genauso ein Gegensatz wie Gut und Böse, männlich und weiblich oder Tag und Nacht. In diesem Spannungsfeld können wir uns weiter entwickeln. Um es in aller Klarheit zu sagen, der menschliche Geist ist nicht an seinen irdischen Körper gebunden. Wir sind auch nicht an das Leben hier auf der Erde gebunden. Diese Umgebung ermöglicht andererseits jedoch das Erleben des Lebens im Zeitraffer.

Aus geistiger Sicht ist die Dauer eines menschlichen Lebens auf der Erde mit 40, 60 oder 100 Jahren begrenzt. Es wird uns dadurch ermöglicht, das Leben in all seinen Facetten kennenzulernen. Da dieses Universum durch Zeit und Raum und die anderen Gegensätze begrenzt ist, ist es auch für unsere Entwicklung begrenzt. Auch wenn irgendwo in der Galaxis eine Million

Sonnen entdeckt werden, bleibt sie doch begrenzt. Irgendwann kann die Erde nicht mehr der Ort sein, an dem wir uns weiter entwickeln können. Dann ist der Zeitpunkt gekommen, an dem wir uns entscheiden können. Bleiben wir hier oder gehen wir in unserer Entwicklung weiter?

Diese Freiheit, die Freiheit uns selbst zu entwickeln, um zu dem zu werden, was wir wirklich sind, bestimmen wir durch unsere Handlungen selbst. Die Erde ist nur ein Abschnitt in unserer Entwicklung.

Das ist Selbstbestimmung in seiner reinsten Form.

Gut und Böse gehören zusammen

Wir leben in einer Dualität. Deshalb gehören die beiden Eigenschaften zusammen. Das Eine ist ohne das Andere nicht möglich. Es ist schwer zu verstehen, aber das Eine wird nur durch das Andere deutlich und für uns verstehbar.

Ein Beispiel: Wenn wir einen Eimer mit Wasser füllen, haben wir nur Wasser in einem Eimer. Wenn wir dazu noch Seife mischen, erhalten wir etwas Neues, wir bekommen eine Lauge.

So ist es auch mit Gut und Böse. Für sich genommen hat jedes Teil seine Eigenheit. Diese mag nach unserer Beurteilung vorteilhaft oder nachteilig sein. Es kommt immer auf die Situation an. Ein schwarz-weißer Ball ist optisch für Fußball und Erwachsene besser geeignet wie ein blauer Ball, der besser zu einem Kindergeburtstag passt. Was in einer bestimmten Situation gut sein kann, kann in einer anderen Situation schlecht sein. Im Eimer aber, solange wir nur ein undefiniertes Gemenge haben, ist alles gleich.

Ist mit diesem Beispiel der Zusammenhang zwischen gut und böse einigermaßen schlüssig erklärt? Gut oder Böse wird etwas erst, wenn es zur Verwendung kommt. Je nach Einsatz nimmt es seine Tönung an. Je nach politischer, gesellschaftlicher oder zwischenmenschlicher Einstellung wird etwas zu dem, zu was wir es machen. Egal, was es ist, es nimmt erst durch unsere Be- oder Verurteilung seine Eigenschaft an.

Nehmen wir als Beispiel einen Krieg. Solange wir Flugzeuge für friedliche Zwecke einsetzen, sind sie gut. Setzen wir sie aber dafür ein, Menschen zu töten, sind sie nicht mehr gut.

Für was wir sie auch verwenden, es bleiben immer Flugzeuge.

Erst durch unsere Handlungsweise wird etwas gut oder böse. Erst durch unsere Beurteilung erfährt etwas seine „Tönung". Beispielsweise schlägt ein Raubtier nur so viele Opfertiere, wie es selbst oder sein Rudel zum Leben braucht. Das wäre die natürliche Vorgehensweise, weil sie ihrer Natur folgen. Wir folgen auch unserer Natur, wir töten aus eigenen Gründen. Und das auch schon, wenn es für unseren Überlebenskampf nicht notwendig ist.

An dieser - unserer Verhaltensweise können wir den Unterschied zwischen Gut und Böse erkennen.

Liebe - eine Möglichkeit sie zu erklären

Ein weiser Mann hat einmal gesagt, dass Liebe das Bedürfnis ist, einem Menschen unendlich nahe zu sein. Für Liebe gibt es viele Erklärungen. Eines trifft sicher zu, dass wir einem Menschen, den wir lieb haben, nichts Böses antun wollen. Definieren wir diesen Zustand als „DU".

Was in unserer Zeit durch die Entwicklung der Technik möglich wird, ist unser Zusammenwachsen und damit unser denken und verhalten im „WIR".

Afrika, Sibirien, Asien oder Amerika sind nicht mehr so weit entfernt wie vor 100 Jahren. Dazu gehört auch die Vielfältigkeit von Menschen im Äußeren und im Charakter. Unser Denken ist ein Teil unseres Charakters. Durch unseren Willen und unser Ego kommt unsere Individualität zum Ausdruck. Sie erfährt durch Liebe ihre Basis und kann sich vollständig entfalten, wenn einerseits unser Bewusstsein es zulässt und andererseits wir es gelernt haben, nicht nur im Du, sondern auch im Wir zu denken. Das bedeutet, dass wir nicht nur uns, unsere Familie und unser Land annehmen, sondern das Leben.

Diese Chance haben wir jetzt. Wir sind als einzelne Nation nicht mehr alleine unter vielen Nationen, wir Menschen sind jederzeit zusammen, auch wenn uns Kontinente trennen.

Das Denken im Du und im Wir gehört eigentlich zusammen. Die menschliche Geschichte hat im Überlebenskampf der Vergangenheit das Denken im wir sehr eingeschränkt. War es anfangs noch auf die Familie beschränkt, dann auf die Horde, auf das Dorf, das Land und ist jetzt als ein gutes Beispiel für politische Zusammenschlüsse in der EU angelangt. Die Europäer müssen nun lernen, nicht mehr im DU zu denken, sondern sich ihre Fähigkeit zum Denken im WIR erschließen. Die Frage ist, ob sich in der weiteren Entwicklung das Denken im wir in ganz Europa durchsetzt. Es wäre ein Zeichen, dass viele Menschen bereit sind, im wir zu denken, und eine Verallgemeinerung auf Weltebene möglich ist. Wir alle sollten lernen, beide Fähigkeiten in uns zu entwickeln und zu fördern. Es gehört zum Menschsein dazu, dass wir bereit sind, uns und unsere Fähigkeiten anzunehmen. Was wir daraus machen, ist dann unser eigener Entwicklungsprozess.

Genau so, wie es beispielsweise das Denken im Du in der Familie und das denken im Wir im Staatenbund erlaubt. Wir sind nicht alleine.

Was uns Menschen ausmacht, ist die Vielfältigkeit. Wir kommen aus der Einfältigkeit und gehen in die Vielfältigkeit. Mit einem Schmunzeln können wir ruhig einmal die Doppeldeutigkeit von Einfalt betrachten.

Einfalt kann als naiv und ehrlich oder als dümmlich und beschränkt angenommen werden. Im Text oben soll ausgedrückt werden, dass etwas ehrlich gemeint war. Die Aussage ist also, dass wir in die Vielfältigkeit gehen.

Gemeint ist, dass die intellektuelle Herausforderung an heutige Menschen größer ist, als sie noch vor 100 Jahren war. Die Computertechnik, die Luft- und Raumfahrt, das Internet und insgesamt der Fortschritt fordern von den Menschen einen Wechsel des Denkverhaltens vom Du hin zum Wir.

Liebe ist für uns alle da. Sie möchte alles Lebende in seiner Entwicklung unterstützen und dabei helfen, zu seiner wahren Natur zu finden. Sie ist ein Kennzeichen von allem Lebenden. Ohne Liebe wären wir alle tot, wir könnten und wollten nicht leben.

Damit ist Liebe das verbindende Element im DU und im WIR.

Das könnten unsere Religionen und deren Kirchen vermitteln. Es gibt in Wahrheiten, die sich nie verändern, wenn wir unserem Menschsein folgen. Ein Beispiel wäre:
Liebe Deinen Nächsten wie Dich selbst.

Wieso gibt es überhaupt Menschen?

Dieses Kapitel ist aus der Sicht von Eltern geschrieben, um den Inhalt besser verstehbar und leichter annehmbar zu machen.

Jeder hat auch als Kind schon einmal eine elterliche Rolle übernommen, sei es zum etwas vormachen oder sei es zum Erklären. Der Leser mag großzügig sein und gegebenenfalls bei diesem Abschnitt die gleiche elterliche Haltung übernehmen:

Zur thematischen Erklärung brauchen wir unsere Fantasie. Stellen wir uns einmal vor, wir wären vor langer Zeit geschaffen worden. Und dann hätte sich immer wieder ein Aspekt von uns Menschen gemeldet, der alles besser weiß, immer bereit ist zu nörgeln oder es besser kann. Überhaupt war dieser Teil kaum zufriedenzustellen. Kaum wurde etwas gemacht, kam er an und wusste es besser.

Das kennen wir doch schon. Wir alle haben diesen Teil in uns. Es ist ein Teil unseres Egos und das beinhaltet unseren Willen und unser Bewusstsein. Was manchmal sehr nützlich ist, kann, wenn diese Fähigkeit durch uns selbst nicht kontrolliert wird, auch lästig werden. Sagen wir es so: Irgendwann waren es die Verantwortlichen leid, das ewige Gemeckere und das ständige besser wissen noch länger zu ertragen. Irgendwie kennen wir das doch, oder?

Auf jeden Fall wollten uns die Verantwortlichen die Erfahrungen ermöglichen, nach denen wir indirekt riefen. So unter dem Motto: Dann macht es doch besser - haben sie uns in unsere eigene Welt entlassen. Wir bezeichnen das Geschehen gerne in unserer, dieser Realität als Urknall. In der Materie können wir nun schalten und walten, wie wir es für richtig halten. Wir können sogar selbst Leben schaffen, beispielsweise zeugen oder ein Feld beackern. Und: Diejenigen, die uns dorthin verfrachtet haben, halten sich fein sauber draußen.

Das war die Geschichte und jetzt kommen wir zurück in unsere Realität. Wir können also tun, worauf wir Bock haben und unser eigener Herr sein. Oh weh, wer hatte das bedacht? Es ist nicht alles so schön, wie es scheint. Es ist nicht alles aus Gold. Zum Leben gehört auch Hunger, Durst, Armut, Schmerz, Krankheit und Tod. Doch es gibt einige, die sich damit sehr wohlfühlen und es sich auf Kosten anderer gut gehen lassen.

Die Erde und die Natur, auch wir Menschen müssen viel erleiden, weil einige glauben, es sich auf Kosten anderer gut gehen lassen zu müssen. Hier auf der Erde hat alles seinen Platz, Gut und Böse und alle anderen Gegensätze. Wir waren der Meinung, wir könnten es besser und jetzt haben wir die „Spielwiese", auf der wir uns austoben können.

Wie es scheint, haben wir nicht bedacht, dass wir voller Fähigkeiten sind. Indem wir sie in unseren Leben zum Ausdruck bringen und keinen göttlichen Gesetzen folgen müssen, sondern eigene Gesetze auf den Weg brachten, sind wir uns auch selbst ausgeliefert. Der Preis, den wir für unsere Erkenntnisse zahlen, ist hoch. Wir haben uns aus der göttlichen Ordnung herauskatapultiert und sind in der menschlichen Ordnung angekommen. Für diejenigen, die immer noch der Meinung sind, dass sie es besser können und die Zukunft im Griff haben: Das Leben auf der Erde ist noch nicht zu Ende. Wir können als Einzelwesen nach Hause, wann immer wir der Meinung sind, genug gelernt zu haben. Dann können wir nach unserem Sterben und mit dem Verabschieden aus der Materie entscheiden, ob wir zurück zu unserem angestammten Platz gehen oder das Leben hier in der Materie weiterführen wollen.

Denjenigen, die hierbleiben wollen, sei Folgendes gesagt: Es ist beispielsweise denkbar, dass nach den Wirren der Corona-Attacke und nach dem weltweiten Schrumpfen der Wirtschaft die Rettung der Menschheit versprochen wird, wenn sie eine digitale Währung verwendet. Als Sahnehäubchen würde man diese Rettung dann mit einem allgemeinen Grundeinkommen verbinden. Wem die Einschränkung seiner persönlichen Freiheit dann noch nicht reicht, braucht nur abzuwarten.

Bald nach der Digitalisierung des Geldes und der Einführung eines Grundeinkommens käme die digitale Erfassung der Menschen. Dann wäre der Zeitpunkt gekommen, an dem diese Spielwiese von den Verantwortlichen wieder geschlossen würde. Warum? Das Böse wäre siegreich. In einer solchen Umgebung ist ein freies Leben und damit die freie Entfaltung des Geistes nicht möglich - gemeint ist unsere Willensfreiheit.

Sinn und Zweck unserer Existenz ist es, den Weg zu einem freien Leben zu finden. Unsere Erkenntnis auf der Erde wird sein, dass wir diesen Weg mit und nicht ohne Gott finden.

Geistige Heilung: Körper - Seele - Geist

Körper, Seele und Geist sind drei unterschiedliche Dinge. Der Körper entspringt der Materie, die Seele dem Göttlichen und unser Geist der spirituellen Welt. Der Körper gehorcht nur den Gesetzen der Materie. Unsere Seele hat nur einen Herrn, wir können sie verstehen, weil wir sie über unser Gewissen hören. Wir können mit ihr kommunizieren, wenn wir ihre Sprachen lernen. Diese sind anfangs leicht, wie unsere Träume, manche Gefühle oder körperliche Zustände. Körper und Seele äußern sich öfters, wie uns klar ist.

Der Geist in diesem Zusammenhang sind wir selbst mit unserem irdischen Bewusstsein und unserem Willen. Alle drei sind wir auf der Erde Eins, d. h. zusammen. Wir sind eine Einheit aus drei unterschiedlichen Ebenen. Trennen tun nur wir Menschen, um die Details besser zu verstehen. Was wir im Laufe unserer Entwicklung - der Menschheitsentwicklung, vergessen haben ist die Tatsache, dass vieles zusammengehört, was wir zum besseren und leichteren Verständnis trennen. So ist unsere Seele nicht von uns getrennt und wir sind während der Zeit unseres Lebens hier auf der Erde nicht von unserem materiellen Körper getrennt.

Und so betrachtet auch unsere Seele die Zusammenhänge: als zusammengehörig. Während dem Zeitraum des körperlichen Lebens hier auf der Erde bilden wir eine Einheit.

Beispielsweise kümmert sich unsere Medizin nur um unseren Körper, die Religionen sollten sich um unsere Seele und wir selbst uns um unseren Geist kümmern. Weil Religionen aber die höheren Sinne bei uns ablehnen, haben sie zu der in ihrer Verantwortung stehenden Entwicklung der Menschen nicht den für sie möglichen Zugang. Auf der Basis der Entwicklung der Menschen über die vielen Jahrtausende haben diese mittlerweile auch den bewussten Zugang zu ihren geistigen Fähigkeiten. Diese Veränderung bei den Menschen sollten alle Religionen als Tatsache annehmen. Menschen haben sich weiterentwickelt und können immer besser den Kontakt zur geistigen Welt pflegen. Religionen entwickeln sich seit ihrer Entstehung kaum weiter.

Diese Aussage bedarf einer näheren Erklärung: Wir Menschen sehen uns vom Göttlichen getrennt. Dem ist nicht so. Das Göttliche greift nur nicht in unser Leben ein. Das hat seinen Grund. Wir sollen lernen, aus uns selbst heraus, d. h. selbstständig zu leben. Das klappt in der Materie ganz gut, wir können ganz gut mit der Materie umgehen.

„Macht Euch die Erde untertan" war dennoch so ganz sicher nicht gemeint. Weil es das Leben miteinschließen würde. Dieses Recht haben wir nicht! Allerdings betrachten wir die Welt leider immer noch so, als wäre sie unser Eigentum.

„Macht Euch die Materie untertan" war sicher gemeint. Das machen wir. Was wir noch nicht gelernt haben, sind ein paar Dinge wie den Umgang mit Geiz und Gier, Töten, das Streben nach Macht oder die Gnadenlosigkeit mancher Zeitgenossen, wenn es um Ausnutzen geht. Gemeint ist das Ausnutzen vom Leben, den Ressourcen, speziell der Natur, der Tiere und auch der Menschen. Mit der Spiritualität klappt unsere Entwicklung noch nicht so gut. Da müssen wir uns noch ein wenig bemühen. Wenn wir das alles in Einklang bringen, wenn es uns gelingt, uns in Einklang mit der Natur zu bringen, die eine oder andere menschliche Besonderheit mit eingenommen, haben wir ein großes Ziel in unserer Entwicklung erreicht.

Wenn es uns als Menschheit insgesamt und den Menschen im Besonderen gelingt, die Einheit zwischen Körper-Seele-Geist herzustellen, brauchen wir als Lernobjekt diese Form des Lebens nicht mehr.

Stellen wir uns doch einmal die Gegensätzlichkeit dieser Daseinsform vor: Den materiellen Körper, die göttliche Seele und wir als Geist bilden zusammen eine voneinander abhängige Einheit, die einen Zweck erfüllen soll. Wenn es uns gelingt, diese Einheit zu führen, indem wir auf die Besonderheiten der einzelnen Komponenten achten, sie respektieren und aufeinander Rücksicht nehmen, gelingt es uns.

Die Einheit zu führen und in der ansonsten lebensfeindlichen Materie lebensfähig zu halten, gelingt nur, wenn das Leben in all seinen Formen und die Materie zusammenwirken. Die Materie ist deshalb so lebensfeindlich, weil sie energetisch zu dicht ist und deshalb geistigen Wesen und damit dem Leben kaum Platz bietet.

Um es klarer auszudrücken: Materie gibt es am absoluten Nullpunkt oder auch in Sonnen, Leben nicht.

Materie ist deshalb gut geeignet, uns und unsere Fähigkeiten herauszufordern, damit es uns gelingt, uns vollständig, so wie wir sind, anzunehmen und zu respektieren. Anders und verständlicher ausgedrückt heißt diese Aussage: Erst durch das Zusammenwirken verschiedener Daseinsformen lernen wir uns richtig kennen. Die Erde ist deshalb ein guter Platz, weil hier viele Interessen aufeinanderprallen und diese durch uns fast alle in zufriedenstellende Bahnen gelenkt werden können.

Wir können uns das nur schwer vorstellen. Stellen wir uns trotzdem einmal einen Hasen vor, der in flüssiges Magma fällt und danach zu Stein erstarrt. Ähnlich fühlt es sich für ein geistiges Wesen an, wenn es in der Materie inkarnieren muss. Nicht anders ist es, wenn sich ein geistiges Wesen, also wir, mit Materie zusammentut, um etwas Neues zu bilden. Komplett wird das Ganze dann, wenn sich eine Seele als Lehrmeister dazutut. Dann wird aus einer einfachen Lebensform aus ungebildetem Geist und dummer Materie eine Lebensform, die über viele Generationen hinweg Leben schaffen kann und auch noch fähig ist, dazuzulernen.

Und jetzt kommen wir zum Anfang dieses Kapitels zurück, das ist Gesundheit. Unser Körper braucht ab und zu Hilfe. Er kann sich meistens gut selbst helfen, sobald er ausgewachsen ist. Unser Körper braucht jedoch öfters äußere Hilfe, wenn er jung oder alt ist. Das sollten wir nicht vergessen, wenn wir im natürlichen Sinn zwischen Körper-Seele-Geist eine Einheit bilden. Wenn wir diese über viele Millionen Jahre heraus gebildete Einheit unterstützen wollen, sollten wir auch bereit dazu sein und die

Gesetzmäßigkeiten, die dies ermöglicht haben, respektieren. Dies gilt besonders für Heilberufe.

Sollten wir uns jedoch für einen eigenen Weg entscheiden, auch bei der Heilung, werden wir zwangsläufig die von der Natur gegebenen Gesetzmäßigkeiten umgehen und eigene Gesetze schaffen. Mit Ergebnissen, die uns im besten Fall nicht so gut gefallen und im schlechten Fall den Untergang der Menschheit auf der Erde bedeuten können. Die Möglichkeit dazu erleben wir gerade durch die Manipulationen um das Coronavirus.

Die Menschheit kann sich nicht nur durch Kriege selbst vernichten. Ihr stehen mittlerweile auch andere Mittel zur Verfügung. Zusätzlich zu den Gefahren, die sich aus der Materie selbst ergeben. Gemeint sind Abläufe, die für den Kosmos ganz normal sind, aber auf das Leben auf einem Planeten einen beträchtlichen Einfluss haben können. Beispiele wären Vulkane oder Meteore.

Nun zum krank sein:
Unsere Seele kann nicht krank werden. Sie ist göttlicher Natur. Sie kann uns und unserem Körper dabei helfen, zu gesunden, wenn wir krank sind.

Unser Körper kann natürlich immer krank werden. Über unsere Medizin hinaus können wir unsere natürliche Heilkraft, die uns als geistigen Wesen innewohnt, für unsere Körper einsetzen.

Wir selbst können auch krank werden. Wenn beispielsweise durch Blockaden aus diesem Leben und karmischen Blockaden aus anderen Leben, die deshalb gut versteckt sind, der Kontakt zwischen Körper-Seele-Geist erschwert oder verhindert ist und nur durch ihre Wirkung auf unser Leben auffallen.

Eine Blockade fällt über die Wirkung auf unseren Körper und oft genug durch die Auswirkung auf unser Leben auf. Sie erschwert oder verhindert den Energiefluss zwischen unserem Körper und uns. Konkret kann eine Blockade nur wirken, weil eine dazu gehörige Situation nicht so aufgelöst bzw. bereinigt ist, dass die Energien zwischen Körper-Seele-Geist ungehindert fließen können.

So viele Menschen es gibt, so viele Beispiele gibt es. Greifen wir ein Beispiel heraus, das schlüssig ist und gut verstanden werden kann:

Gehen wir zurück ins Mittelalter, als auf Segelschiffen die Welt erkundet wurde. Nicht auf allen Inseln wurden Seefahrer freudig begrüßt. Brachten sie doch komische Tiere mit, waren seltsam bekleidet und hatten sonderbare Lebensanschauungen, die nicht zu denen der Eingeborenen passten. Auf manchen Inseln wollte man die Besucher schnell wieder loswerden. Das klappte mit Geschrei und wildem Getue nicht immer. Also brachte man die Besucher auf grausame Weise um, um zu verhindern, dass sie jemals wiederkamen.

Wenn man an einen Marterpfahl gefesselt ist, der Darm aus dem aufgeschlitzten Bauch auf den staubigen Boden heraushängt und Eingeborene wie wild darauf rumspringen, hat das Folgen für spätere Leben. Über Blockadenauflösung bei Rückführungen kamen solche Erlebnisse zutage und konnten dadurch geheilt werden. Unsere Seele vergisst nicht, auch wenn wir wiedergeboren sind. Durch sie können wir uns an alte Geschehnisse erinnern, die unser heutiges Leben immer noch belasten.

Dass der Betroffene in diese Region auch in späteren Leben nicht mehr reiste, braucht nicht weiter erwähnt zu werden. Blockaden können auf verschiedenste Weise entstehen. Sie können sich erst auflösen, wenn sie noch einmal konfrontiert werden. Erst danach kann die natürliche Heilung des Körpers beginnen, sobald die Energien des Körpers, der Seele und des Geistes wieder ungehindert fließen können.

Die körperliche Heilung und das Verstehen der Blockaden gehören zusammen. Gemeint ist nicht eine Erkältung, sondern ein Heilungsprozess, der Körper-Seele-Geist gleichermaßen betrifft.

Dann können selbst Heilungen erfolgen, die nicht erklärbar sind. Einzig und alleine dadurch, dass der ungehinderte Fluss der eigenen Energien, also der Körperkräfte wieder erfolgen kann.

Wie ist der Mensch entstanden?

Zu diesem Thema gibt es viele Antworten. Im Grunde weiß es jeder selbst. Nur ist dieses Wissen in den vielen Leben und in den Äonen an Zeiten, die vorüber gegangen sind, verschüttet oder besser: überlagert worden. Unser Wissen ist im besten Fall nur noch Erinnerung. Wir wollen uns auch nicht unbedingt an Vergangenes erinnern. Die Vergangenheit, besonders der Ursprung der auf der Erde lebenden Menschen, ist doch schmerzlich. Es tut so weh, dass wir nicht hinsehen wollen. Um es deutlicher zu sagen: Wo wir jetzt sind und was wir jetzt sind, ist aus unserer Sicht weit von dem weg, wo wir jetzt sein könnten und was wir sein könnten, wenn wir nur mutig genug wären und unsere Fehler eingestanden hätten. Ist es so schlimm, sich einen Fehler einzugestehen? Er begründete sich doch auf dem Versuch, etwas besser zu machen.

Wir schämen uns auch unbewusst, d. h., wir verdrängen nicht nur den Grund, wir verdrängen auch die Wirkung. Das Geschehen liegt schon so lange in unserer Erinnerung zurück, dass wir uns weder bewusst erinnern noch uns für das Getane schämen. Dabei ist sich zu schämen etwas Menschliches. Wir bringen damit nur zum Ausdruck, dass wir unsere Handlungsweise als nicht richtig oder verbesserungswürdig erkannt haben. Nur wird schämen in unserer nicht mehr passenden Jäger- und Sammlergesellschaft als Schwäche ausgelegt. Dabei ist Schämen der Anfang von etwas Neuem.

Zurück zur menschlichen Urgeschichte auf der Erde. Man mag

es kaum glauben, aber in dieser Anhäufung von Zellen in der Ursuppe, war die Möglichkeit für unseren heutigen Körper schon angelegt. Nach Mrd. Jahren ist daraus der menschliche Körper entstanden. Dieser Körper trägt Ähnlichkeiten mit unserem geistigen Körper. Der Sprung wird also nicht allzu groß, wenn wir dereinst von der Materie wieder zurück in unseren Geisteszustand wechseln. Unser geistiger Körper ähnelt unserem materiellen Körper.

Das müsste für den Anfang reichen. Es steht uns Menschen frei, weiter zu forschen. Unsere geistigen Freunde freuen sich über jeden Besuch. Warum? Weil dann unsere Bande, die wir zueinander haben, wieder enger geknüpft werden.

Vor was die Menschheit jetzt steht, ist den Übergang von der Materie in die geistige Welt zu schaffen. Angelegt und vorbereitet ist alles. Nur, die Entscheidung, ob oder ob nicht, fällen nur wir. Wir sind der Herr über unsere weitere Entwicklung. Wir entscheiden über uns, ob wir in der Materie bleiben oder ob es für uns weiter geht.

Jeder entscheidet für sich selbst über seine Zukunft. Diese Entscheidung beinhaltet die Fähigkeit zum Erleben der eigenen geistigen Eigenschaften. Bleibst Du, wie Du bist, oder entwickelst Du Dich weiter?

Was soll ein Mensch in der Materie?

Verfallen wir doch nicht der gleichen, überall vorhandenen Wut auf unsere Mitmenschen. Fangen wir bei uns selbst an. Kritik an sich selbst zu üben zeugt von Reife. Wir sind gerne der Meinung, dass Kritik an sich selbst, also Selbstkritik, ein Ausdruck von Schwäche ist. Irrtum! Kritik an sich selbst kann destruktiv, also zerstörerisch sein. Sie sollte jedoch konstruktiv sein.

Da wir alle im gleichen Boot der Materie sitzen, ist Wut auf andere nicht oder nur sekundär angebracht. So unterschiedlich sind die oft gegensätzlichen Positionen nicht. Wir kommen auch nicht aus dieser - unserer Situation heraus, indem wir auf alles losgehen, was uns nicht passt. Es bringt uns auch nicht weiter, andere als Sündenböcke auszudeuten.

Ein wichtiges Merkmal von uns Menschen ist doch die Neugier. Warum ist etwas so, wie es ist, und wie ist es dahin gekommen? Das soll heißen, dass dieses Merkmal für uns nützlich sein könnte. Wir müssen es nur gekonnt einsetzen. Genau so ist es mit anderen Merkmalen und auch Fähigkeiten, die wir haben. Es wäre schade, wenn wir das Können, das wir haben, nicht nutzen würden. Wir müssen doch nur lernen, Grenzen einzuhalten. Dies wäre für uns so einfach, wenn wir nur bereit dazu wären. Es ist ein Unterschied, ob man seine eigenen Grenzen auslotet, oder die zu anderen überschreitet.

Die Materie ist eine Chance für uns. Wir könnten hier lernen, die Gesetze der Schöpfung einzuhalten. Wenn wir das nicht tun, tut es uns weh. Und wenn wir das permanent nicht tun oder nicht bereit sind, dazuzulernen, verlieren wir hier unser Leben und dürfen wiederbeginnen. Das ist doch überhaupt die Gelegenheit, unsere Fähigkeiten kennenzulernen und die Grenzen des Lebens einzuhalten. Wenn uns das gelingt, haben wir die Gelegenheit, schon in der Materie einen großen Teil unserer Fähigkeiten kennenzulernen. Wir fangen in einem Leben, sagen wir in der Steinzeit damit an. Schaben noch mit einem Feuerstein ein Fell für den Winter aus, um dann unser Leben im Mittelalter fortzusetzen, um in jener Zeit die Machtfülle von Aristokraten kennenzulernen, und führen dann im II. Weltkrieg ein Leben, um die Vernichtung von Menschen im Krieg mitzuerleben.

Am Ende dient all das nur zur Weiterentwicklung unseres Bewusstseins. Wir lernen im Verlauf unserer Leben in der Materie die Fähigkeiten kennen, die uns von der Schöpfung mitgegeben wurden. Wir lernen dabei nicht nur unsere Fähigkeiten kennen, wir lernen vor allem uns selbst kennen.

Auch wenn das ein bisschen nach Science-Fiction klingt, das alles hat keine Konsequenzen für uns, außer der, dass wir dabei reifen. Zu der Persönlichkeit reifen, die im Sinne Gottes ihr Leben führen kann. Dafür lohnt es sich doch, die Anstrengungen hinzunehmen und sich Mühe zu geben. Wir würden nur die Hoffnungen erfüllen, die in uns gesetzt wurden, um aus uns selbst das zu machen, was wir sind, ein Geschöpf des Lebens oder genauer: ein Geschöpf Gottes.

Was ist der Mensch als geistiges Wesen?

Ein Teil der geistigen Wesen hatte sich vor Äonen entschieden, ohne Gott zu leben, dem Göttlichen den Rücken zu kehren, um sich selbst zu beweisen, dass man es mindesten genauso gut könne. Im Nachhinein lässt sich darüber sagen, dass diese Wesen nur unzureichend recht hatten. Ihnen fehlte unter anderem die Liebe und es fehlte ihnen auch an Wissen. Ohne diese Fähigkeiten und Kenntnisse musste ihr Vorhaben misslingen.

Es fehlte also an wichtigen Komponenten, um ohne das Göttliche zu leben und zu versuchen, es besser zu machen.

Das ist auch ein Kennzeichen von Menschlichkeit. Sich nicht fügen, sondern versuchen, es so gut oder nach Möglichkeit besser zu machen. Das ist auch ein Grund - neben der Liebe zu uns Menschen - warum das Göttliche entschied, dem Treiben nur zuzusehen und sich ansonsten vollständig draußen zu halten.

Es ist jetzt ein Punkt in dieser Entwicklung erreicht, an dem wir Menschen wählen können, ob wir den Weg zurück zu Gott gehen oder endgültig hierbleiben. Eine zusätzliche Information sei noch gewährt: In dieser Realität auf der Erde trifft sich die materielle Welt mit der geistigen Welt. Die geistige Welt schwingt daher so nieder wie sonst nicht. Die materielle Welt schwingt so hoch wie sonst nicht. Daher können sich die Welten treffen und bieten für uns mit dem Sterben und der Lösung von der Materie einen einfachen Übergang, wenn wir das wollen.

Vergessen und Erinnerung

Vergessen haben wir unsere Herkunft. Wir suchen in alten Steinen und darüber hinaus mittlerweile auch im Universum. Der Aufwand, den wir dafür betreiben, ist größer wie die Befriedigung, die wir dadurch erlangen werden. Was nützt uns der Blick in ein schwarzes Loch oder in die Ursprünge unseres Daseins, dem Urknall. Ist es doch ein Blick in die Materie und nicht ein Blick auf unsere wahre Herkunft.

Unser Vergessen können wir nur überwinden, wenn wir bereit sind, unser Interesse an uns zu wecken und der Wahrheit ins Auge zu sehen. Warum sind wir hier, was ist wirklich passiert? Wir haben sicher zu dem Zustand, indem wir sind, beigetragen. Interessant wäre es zu wissen, warum wir auf der Erde sind und zu was wir bereit sein müssten, um zu unserem eigentlichen Leben zurückkehren zu können?

Dieser Sandkasten, die Erde, ist eine Möglichkeit des Lebens, aber er stellt nicht das ganze Leben dar. Haben wir eventuell etwas falsch gemacht? Sind wir in dem Drang, uns zu entwickeln, zu weit gegangen? Haben wir eventuell nicht auf das geachtet, was schon existierte? Kurzum - waren wir zu rücksichtslos?

Wir meinen unsere Geschichte ist ein Anfang. Doch ist der Urknall ein starker Hinweis darauf, dass etwas schlagartig neu begonnen hat, das Leben in Wirklichkeit aber viel früher begann.

Frieden finden mit der eigenen Seele

Besser wäre Freundschaft. Aber bevor man mit etwas eine Freundschaft schließt, sollte man erst einmal Frieden schließen.

Ja, wir haben unsere Seele noch nicht als unsere Partnerin oder als unseren Partner entdeckt. Unsere Seele hat kein Geschlecht, wir sollten uns daher nicht wundern, dass sie ihr Aussehen wechseln kann. Das tut sie mitunter auch, dass wir das, was sie uns sagen will, leichter und besser verstehen.

Es hat Vorteile, wenn man als geistiges Wesen sein Aussehen wechseln kann. Wir mit unseren Körpern können das bestenfalls durch unsere Bekleidung erreichen.

Sobald wir frieden mit unserer Seele schließen, haben wir zumindest ihre Existenz akzeptiert. Wahrnehmen tun wir sie erst, wenn wir dazu in der Lage sind und wenn sie es möchte. Wir können unsere Seele als Gedanken, die nicht unsere sind oder auch optisch als gedankliches Bild wahrnehmen. Wie auch immer, der direkte Kontakt kommt dann zustande, wenn beide Seiten es wünschen und dazu bereit sind.

Als Leser müssen Sie wahrscheinlich lachen. Das folgende Beispiel soll eine kleine Hilfe sein: Es ist Winter und in Ihrem Schlafzimmer ist es kalt. Ihr Bett ist auch noch kalt und Sie haben kalte Füße. So schlafen sie ein. Normalerweise wachen sie am anderen Morgen auf, sind ausgeschlafen und haben warme Füße.

Wer kümmert sich in der Zwischenzeit um Ihren Körper? Ein medizinisch orientierter Mensch würde sagen, dass die Körperfunktionen von unserem Unterbewusstsein gesteuert werden. Da stimmt etwas nicht, besonders wenn wir uns die Situation genauer betrachten. Unser Körper besteht nur aus Materie. Er kann nur leben, wenn wir in ihm sind. Wir sind im übertragenen Sinn das Betriebssystem für ihn. Sobald wir gehen, stirbt er. Die Körperfunktionen können also nur aufrechterhalten werden, solange wir da sind.

Wenn wir da sind, ist auch unsere Seele da. Auf der materiellen Ebene können wir als Geist existieren, aber agieren können wir nur zusammen mit einem Teil, das aus der Materie stammt und deshalb materiell ist. Das wäre also unser Körper. Zusammen mit unserem Körper, unserer Seele und wir selbst bilden eine Gemeinschaft, die auf dieser materiellen Ebene lebensfähig ist. Auch während wir schlafen.

Unseren Körper pflegen wir. Wir gehen zum Arzt, sorgen für Bekleidung und Essen usw. Nur unsere Seele halten wir für selbstverständlich. Das sie so für uns da ist, dass wir meinen, eine Einheit zu sein, spricht für ihre Zuneigung zu uns. Unsere Seele bleibt uns treu, selbst wenn wir uns wie ein Hitler benehmen oder uns anderweitig unmenschlich verhalten.

Kommen wir zurück zum Schlaf. Wir können am Beispiel von unserem Schlaf deutlich den Unterschied zwischen unserem Körper, unserer Seele und uns selbst beobachten. Es ist nicht wichtig, ob wir Seele, Unterbewusstsein oder eine andere Bezeichnung wählen.

Was geschieht also mit uns, wenn wir schlafen oder etwas deutlicher, wenn wir z. B. durch eine Operation bewusstlos sind? Wer steuert unseren Körper?

Am leichtesten finden wir darauf eine Antwort, wenn wir uns selbst beobachten. Das geht am einfachsten, wenn wir mit uns selbst, unserer Seele und unserem Körper Frieden schließen.

Dies bedeutet, dass wir in der Lage sind zu differenzieren. Dadurch können wir etwas, das normalerweise eine Einheit bildet, in seinen Funktionen erkennen. Dies nur durch genaue Beobachtung. Wenn wir so wollen, finden wir die Trinität auch in uns. Übersetzt ist Trinität die Dreieinigkeit, in unserem Fall von unserem Körper, der Seele und dem Geist (wir).

Dadurch, dass wir drei so gut zusammenarbeiten, wird es uns möglich, uns ohne Konsequenzen für uns selbst weiter zu entwickeln. Jetzt könnte man sagen: Wie steht es um den Hunger, Durst und Leid, das wir erfahren können? Ja, das stimmt. Aber nur für dieses Leben in der materiellen Welt, nicht für uns als geistige Wesen.

Religionen

Alle Religionen haben eines gemeinsam: Sie sind sehr alt.

Man könnte auch sagen: Religionen sind tot.

Alle bedeutenden Religionen sind mindestens 1.500 Jahre alt.

Und sie sind stolz darauf - dass sie so alt sind.

Alt sein hat Vorteile, es hat auch Nachteile. Genauso wie jung sein Vor- und Nachteile hat. Die Reife vom einen braucht nicht die Unwissenheit vom anderen zu sein. Das soll heißen, dass ein alter Mensch genauso falschliegen kann, wie ein junger Mensch und natürlich umgekehrt.

Wenn Religionen, egal ob Christentum, Islam, Buddhismus, Konfuzianismus, Hinduismus oder Daoismus immer statisch bleiben, also sich mit den Menschen nicht weiterentwickeln, verlieren sie mit der Zeit ihre Wichtigkeit. Um das besser zu verstehen, lassen wir in unserer Vorstellung doch einmal Menschen zu uns sprechen, die vor 1.500, 2.000 oder 3.000 Jahren gelebt haben.

Außer zu einem Kaffeeklatsch wären wir kaum zu mehr bereit. Welcher moderne Mensch ließe sich von Menschen, die vor so langer Zeit lebten, noch groß beeinflussen? Diese Menschen kannten weder Telefon, Eisenbahn, Auto, Flugzeug und insbesondere die Entwicklung der Medizin. Wir kämen diesen Menschen vor wie von einem anderen Planeten. Aber wir ziehen es vor, uns diese Menschen und deren Meinungen als Vorbilder zu nehmen, wenn es um Glaubensfragen geht.

Ein Kennzeichen von uns Menschen ist es doch, dass wir uns weiterentwickeln. Wir haben uns von Primaten über frühzeitliche Menschen bis hin zu den Menschen entwickelt, die wir heute sind.

Wir machen es uns in Glaubensfragen einfach und reduzieren uns selbst, indem wir andere so groß machen, dass wir selbst wie Zwerge erscheinen. Und dann geben wir dem Ganzen einen Namen und verstecken uns dahinter. Sie wissen schon, was gemeint ist? Es sind unsere sehr alten Religionen und deren Kirchen und Tempel. So war es zumindest in der Vergangenheit.

Wie wäre es, wenn Religionen das Erhaltenswerte erhalten und bereit wären, sich andererseits mit den Menschen weiter zu entwickeln? Es gibt zum Beispiel zwischen den Menschen und allem was sie umgibt einen verbindenden Faktor. Das ist die Liebe. Und es gibt Fähigkeiten, die sich mit den Menschen weiterentwickeln.

Wovor wir Menschen stehen, ist die Entdeckung der Wahrnehmungsmöglichkeiten des Geistes. Was wir bereits kennen, ist die Wahrnehmungsmöglichkeiten des Körpers. Diese Tatsache wird einiges an Umwälzungen bringen. Die Entwicklung von Menschen geht dahin, dass sie ihren Körper und dessen Sinne nur als Teil der ganzen Wirklichkeit sehen. Die geistige Wahrnehmung, wenn sie dann einmal im allgemeinen Bewusstsein angekommen ist, bedarf der Nähe zu anderen Menschen, die die gleiche Wahrnehmung haben. Das Gefühl, mit seinen körperlichen und geistigen Sinnen nicht alleine zu sein, ist für uns Menschen erleichternd.

Religionen wären für diese Aufgabe gut geeignet. Sie könnten zwischen der Spiritualität, also der geistigen Wirklichkeit und der Realität, also der körperlichen Wirklichkeit vermitteln. Sie müssten nur bereit sein, ihre Dogmen nicht mehr als allgemeingültig anzunehmen und sie vielleicht aufgeben.

Damit sind alle Religionen gemeint. Wichtig wäre, dass die Religionen und deren Kirchen bereit wären, die Weiterentwicklung der Menschen mitzumachen. Wir haben ein Ungleichgewicht zwischen der Materie und dem Geist. Da wir ja in der Dualität leben, besteht dieses Ungleichgewicht bei beiden. Was in der Materie zu viel ist, ist in der geistigen Entwicklung zu wenig. Die nicht vorhandene Balance zeigt sich auch in der immer geringer werdenden Akzeptanz der unterschiedlichen Glaubensrichtungen bei gleichzeitigen Kirchenaustritten.

Erstrebenswert ist die gleiche Bedeutung der Materie und der geistigen Welt für uns Menschen und infolge auch des Lebens. Unter den aktuellen Auswüchsen leidet alles Lebende auf der Erde und das, weil wir uns nur um den materiellen Fortschritt kümmern.

Tauschmittel

Tauschmittel sind notwendig, damit der Wechsel des Besitzers von einer Sache oder einer Dienstleistung möglich wird. Das ist allgemeingültig. Tauschmittel, nennen wir sie mit einem Oberbegriff, sind Güter. Diese hat es schon immer gegeben. Es hat schon immer etwas gegeben, das ein anderer besessen hat und sich für den Eigenbedarf gut gebrauchen ließ. Sei es als Beispiel in der Frühzeit, als es nur Naturaltausch gab, ein Feuerstein, den man zum Fell ausschaben verwenden konnte.

Seit dem Menschen Güter von anderen gut gebrauchen können, werden diese auch getauscht. Die Entwicklung der Tauschmittel geht wie alles über die Jahrtausende weiter und ist inzwischen bei einer Form des Handelns von Gütern angekommen, der über Kontinente geht. Der weltweite Handel von Gütern durch Geld ist nun möglich. Für uns Menschen ist es mittlerweile lebensnotwendig, dass der Handel von Gütern reibungslos funktioniert. Das verwendete Tauschmittel muss dazu seinen Zweck erfüllen.

Dazu muss es ein Tauschmittel bleiben. Zu Weiterem sollte Geld zur Sicherheit von uns allen nicht genutzt werden. Es ist, weil wir alle daran glauben und es wertschätzen, ein geeignetes Mittel, um den Wert eines Gutes auszudrücken, und deshalb vorübergehend zu konvertieren (den Wert speichern).

Sei es unsere Arbeitskraft bei unserem Arbeitgeber, oder sei es eine Ware, die wir über einen Händler aus einem anderen Land beziehen. Ein Handy aus China oder Süd-Korea? Salat aus Spanien, Früchte aus Südamerika, was auch immer.

Die Rede ist nur von Geld. Sind wir doch von der reibungslosen Funktion abhängig. Denken wir beispielsweise an den Transport der Waren. Deshalb sollten wir damit auch sehr vorsichtig umgehen. Wir sind von Geld als Tauschmittel direkt abhängig. Darin dürfte Einigkeit bestehen.

Findige Menschen haben aber Geld zweckentfremdet. Sie haben daraus ein eigenes Gut gemacht, dass einen eigenen Wert besitzt. Sie nennen das Geld dann Kapital, verwenden dazu aber allgemein anerkannte Formen von Geld, gerne den Dollar, Euro, Renminbi und auch andere Währungen. Mit dieser Doppelfunktion kommt unser Tauschmittel Geld in den Mengen, die für Kapital benötigt werden, nicht zurecht. Es wird als Konsequenz immer weniger Wert. Diese Behauptung wird in diesem Buch nicht mit einer wissenschaftlichen Studie bewiesen. Wir können den Wertverfall von Geld über die Zeit an unserem Geldbeutel selbst beobachten.

Für unseren Handel ist es schädlich, wenn wir Geld zusätzlich als Kapital zweckentfremden. Was muss passieren, dass die Verantwortlichen bereit sind, den Unterschied zwischen Geld und Kapital umzusetzen und endlich zu einer Trennung bereit sind? Nach einer Trennung von Geld und Kapital müssen diese voneinander unabhängig sein. Der jeweilige Wert darf nicht miteinander gekoppelt werden. Wenn eine Trennung zur Diskussion steht und vollzogen werden soll, darf nicht auf die For-

derung nach einer Koppelung hereingefallen werden. Kapitaleigner hätten das gerne, um ihr Kapital abzusichern. Nur wäre
diese Sicherung auf Kosten aller, die Geld nur als Tauschobjekt
für den täglichen Bedarf benötigen. Also von uns allen.

Das eine ist der Handel mit Gütern, das andere ist der Handel
mit Wertgegenständen, z. B. Häuser, Firmen oder teurem
Schmuck. Es muss dafür eine Grenze gefunden werden, bis zu
der etwas noch ein Handelsgut ist und ab der etwas ein Wirt-
schaftsgut ist. Wenn jemand einen Wertspeicher für seinen
Handel benötigt, also als Beispiel den Kauf/Verkauf von wert-
haltigen Gütern, muss er einen anderen Wertspeicher finden als
das von der Allgemeinheit verwendete Tauschmittel Geld!

Wie viel Menschen müssen Opfer bringen, indem sie hungern
oder ihr Leben verlieren, bis das einmal verstanden wird? Geld
ist ein Tauschmittel für Waren und Dienstleistungen und kein
Speichermittel für Kapital.

Damit dieses Wort richtig, d. h. in seinem Sinn verstanden wird,
eine Definition von Speichermitteln: Donald Duck (Ente in
einem Walt Disney Comic) hat einem Geldspeicher. Er spei-
chert im Comic sein Geld und er badet darin.

Kommen wir aus dem Spaß wieder zurück. Das Beispiel soll nur
ausdrücken, dass mit einem zeitgemäßen Tauschmittel nur ge-
handelt werden und für nichts anderes verwendet werden sollte.
Es hat, anders wie früher, als eine Wertbindung beabsichtigt
war, keinen eigenen Wert. Es darf, um seine Funktion erfüllen

zu können, nicht zweckentfremdet werden. Es erhält seinen fiktiven Wert nur durch uns, durch unsere Zustimmung. Es erhält seinen Wert nicht durch das darin eventuell verwendete Silber und Gold. Es erhält seinen Wert nur durch die Menschen, die zum Handel miteinander bereit sind und dafür Geld als Tauschmittel akzeptieren. Es wäre dringend Zeit, dass wir Geld und Kapital in ihren Funktionen trennen. Das Überleben von vielen Menschen hängt davon ab.

Negativ-Beispiele gibt es in der näheren Vergangenheit. Das wären die Lehmann-Pleite oder die Corona-Krise. Wären die von ihnen verursachten Gefahren noch größer gewesen, hätten viele Menschen ihr Leben verloren.

Wenn Geld die momentane Doppelfunktion als Tauschmittel und Wertspeicher hat, wird es zweckentfremdet. Menschen finden im Ernstfall leichter und schneller Wege, mit ihren Gütern zu handeln, solange ihr Geld nur ein Tauschmittel ist. Es dürfte der einzige Weg sein, die Möglichkeit des Zusammenbrechens der Versorgungsketten und damit Hunger zu vermeiden.

Wenn man Geld, das zum Tauschhandel bestimmt ist und Kapital miteinander vermischt, haben ca. 50 % der Marktteilnehmer zu wenig Geld, um leben zu können. Mit der Kapitalisierung macht man das Tauschgut Geld ohne eigenen Wert zu einem Gut mit eigenem Wert.

Wenn wir mit Geld und Kapital weiter so einfältig verfahren wie bisher, steuern wir geradewegs auf ein Desaster zu.

Selbstkontrolle

Die Kontrolle über sich selbst ist schnell. Sie ist nötig, weil wir vieles tun und manche Entscheidungen treffen, ohne bewusst darüber nachzudenken. Selbst wenn wir eine Handlung bewusst ausführen, heißt das nicht, dass sie fehlerfrei ist. Eine Entscheidung hat dann Fehler, wenn sie in eine Sackgasse führt, wenn also der gewünschte Erfolg ausbleibt. Spätestens dann müssen wir einen eingeschlagenen Weg kontrollieren.

Es gibt auch die Möglichkeit, dass uns andere Personen auf einen Umstand hinweisen, den wir selbst nicht beachtet hatten.

Die Selbstkontrolle ist wichtig für uns, weil wir, sobald wir uns und unsere Handlungen überprüfen, uns nicht wichtiger nehmen, wie die Dinge bzw. das Leben, das uns umgibt. Die kritische Beobachtung von sich selbst, sich nicht für fehlerfrei zu halten, hat auch etwas mit Steuerung zu tun, sich selbst steuern. Das entscheidende Element der Selbstkontrolle ist, die Verantwortung für sein Verhalten zu übernehmen.

Es ist leicht, wenn etwas nicht klappt, die Schuld von sich auf andere oder andere Umstände abzulenken. Aber kritisch mit sich selbst zu sein, das fällt uns schwer. Dabei wäre doch selbstkritisches Handeln gut zu unserem eigenen Schutz.

Wir tun uns sehr schwer mit der Selbstkontrolle. Um genau zu sein, wir geben die Kontrolle über uns selbst nur ungern ab. Wir lassen sie bei Menschen, die wir gerne haben, über einen längeren Zeitraum freiwillig zu. Dazu gehören unsere Partner und Kinder. Bei diesen setzen wir voraus, dass ihr Handeln durch Zuneigung zu uns motiviert ist.

Aber grundsätzlich dürfte es bei einem Menschen, ja bei den meisten Wesen so sein, dass sie die Kontrolle über sich selbst nicht gerne abgeben und schon gar nicht freiwillig. Das hängt mit der Selbstbestimmung zusammen und ist eine Fähigkeit. Wir können uns selbst kontrollieren und wollen fremde Einflussnahme meistens nicht.

Es hängt manches von einer freien und unabhängigen Selbstkontrolle ab. Danach streben wir und es ist das, was uns als Individuum ausmacht - Herr über sich selbst zu sein. Es ist ein wichtiges Gut, weil sie ein Ausdruck unserer Freiheit ist.

Zu diesem Gut, Herr über sich selbst zu sein, zwingt sich ein Beispiel auf. Von politischer Seite wird in manchen Ländern versucht, im Rahmen der Corona Politik eine allgemeine Impfpflicht einzuführen. Unser Gut, die Freiheit über uns selbst ginge damit verloren.

Unsere persönliche Freiheit geht dann zu Ende, wenn die Freiheit eines anderen verletzt wird. Damit ist auch die körperliche Unversehrtheit gemeint, und zwar, wenn über eine Spritze in unseren Körper eingegriffen wird.

Man kann jemanden auferlegen, dass er eine Maske trägt oder sich anderweitig kennzeichnet, um andere zu schützen. Aber man kann niemanden dazu zwingen, dass er eine Spritze zulässt, die er nicht haben will. Es wäre eine Verletzung seiner körperlichen Unversehrtheit, das Recht, über seinen Körper zu verfügen und damit über sich selbst zu entscheiden.

Ein individuelles Recht würde genommen, indem man eine mögliche Verantwortung für die Allgemeinheit vorschiebt. Das ist nicht demokratisch. Es scheint, als müssten manche Verantwortungsträger noch lernen, was Demokratie ist.

Kommen wir von einem Beispiel der Kontrolle wieder zur Selbstkontrolle zurück. Die Instanz, die uns selbst am besten kontrollieren kann, sind wir selbst. Wenn wir diese Instanz nicht wahrnehmen, warum auch immer, kann es sein, dass wir uns zu ständigen Nörglern entwickeln. Wir erleben das sehr direkt in unseren Gesellschaften. Niemand kann etwas tun, ohne das ein anderer daran etwas auszusetzen hat.

Wir leben in der Dualität. Jede Entscheidung, jede Handlung, einfach alles hat eine andere Seite. Wenn wir uns darauf spezialisieren, immer nur die andere Seite zu erkennen, und nicht auf das achten, was durch eine Handlung beabsichtigt ist, bleiben wir hängen. Wir kommen nicht dazu, uns selbst oder auch andere dabei zu unterstützen, das Ziel zu erreichen. Wir leben und wir bleiben dann als Konsequenz in unserer Unzufriedenheit.

Die eigene Entwicklung können wir wahrhaben, wenn wir bereit sind, auf uns selbst zu schauen und uns selbst zu kontrollieren.

Dann können wir eingreifen und uns selbst und unser Verhalten, wenn es erforderlich ist, korrigieren.

Die Selbstkontrolle ist ein wichtiges Element des Seins und damit von uns selbst. Wer kann uns so gut kontrollieren wie wir selbst? Gemeint ist damit, dass wir uns von unseren Fähigkeiten und Eigenschaften nicht überwältigen lassen, sodass diese die Herrschaft über uns erlangen. Überheblichkeit wäre das erste Anzeichen, dass wir uns nicht so gut beherrschen und unsere Kräfte nicht im Griff haben. Trotz allem bleiben wir doch einer unter vielen.

Es können auch Blockaden oder fremde Wesen Einfluss auf uns ausüben, die es uns schwer machen, unsere Grenzen einzuhalten. Blockaden entstehen z. B. durch nicht verarbeitete Geschehnisse aus früheren Leben und fremde Wesen können z. B. Politiker sein. Gemeint ist deren Einfluss auf uns.

Wir selbst brauchen uns nicht zu fürchten. Sobald wir unsere Seele als Freund*in und nicht nur als schlechtes Gewissen erkennen und das nötige Wissen um unsere geistige Welt haben, brauchen wir uns um fremden Einfluss auf uns keine Sorgen zu machen. Wir lassen ihn dann einfach nicht mehr zu und leben aus uns selbst heraus.

Gewissen - Seele

Der Unterschied zwischen den beiden ist fast nicht merklich. Ähneln sie sich doch. Sie sind fast gleich. Der Unterschied ist, dass die Seele ein Teil unseres Schöpfers ist und uns bei unserer Entwicklung hilft. Unser Gewissen ist wie wir selbst zu Beginn unseres Lebens hier auf der Erde nicht ausgeprägt. Wir entwickeln es von unserer Kindheit an, sobald wir bewusst anfangen zu denken.

Wir können unsere Seele am leichtesten verstehen, wenn wir sie wie einen Vormund betrachten, natürlich in einem für uns vorteilhaften Verhältnis. Ihr einziger Wunsch ist unsere Entwicklung. Dafür ist sie ständig bei uns. Da uns das keiner Verraten hat, meinen wir, die Seele ist unser Gewissen. Dabei ist sie ein Teil der Schöpfung und kehrt irgendwann zu dieser zurück. Wenn das geschieht, bleiben wir trotzdem verbunden, so als wären wir Eins. Wenn wir das zulassen können, wird aus unserer innersten Gemeinschaft, der Verbindung zu unserer Seele, eine Freundschaft, die keine Grenzen mehr kennt, sondern gegenseitig für sich da ist.

Bis das geschieht, ist unsere Seele unser Gewissen. Sie ist der seelische Beistand, den wir benötigen, um trotz aller Versuchungen und Ablenkungen von der äußeren Welt zu uns zu finden. Wir finden nicht nur uns selbst, wir finden auch zu Gott. Unsere Freiheit ist, auf unsere Seele zu hören oder sie abzulehnen.

Es ist egal, auf welcher Entwicklungsstufe wir uns befinden, ob wir ein Steinzeitmensch, ein Mensch im Mittelalter oder ein heutiger Mensch sind. Unsere Seele ist unser ständiger Begleiter. Wir nehmen sie als unsere innere Stimme wahr - als unser Gewissen.

Mit ihr können wir zu dem werden, was wir wirklich sind: Ein gottgefälliger Teil der Schöpfung. Wir müssen es nicht. Es ist alleine unsere Entscheidung, ob wir die Entdeckungsreise zu uns selbst unternehmen wollen oder nicht. Dann bleiben wir so, wie wir jetzt sind, ein passiver Teil der Schöpfung. Wir glauben in dieser Entwicklungsstufe, viel zu wissen und fast alles zu können. Das versuchen zumindest die Kräfte zu bewirken, die uns notfalls mit Gewalt auf der Entwicklungsstufe des Menschseins auf der Erde halten wollen.

Es ist jedoch alleine unsere Entscheidung, ob wir Gefangene dieser Kräfte bleiben oder ob wir in unserer Entwicklung weiter gehen. Die Entdeckungsreise zu uns selbst wird besonders gerne mit Reichtümern verhindert. Ein diesseitiges Leben in Wohlstand wird uns als erstrebenswert vorgegaukelt. Ohne es zu merken, sind wir Sklaven von wie wir meinen schönen Dingen, die aber zu unserer geistigen Entwicklung wenig beitragen. Sie halten uns eher durch die Bindung unserer Kräfte von unserer Entwicklung ab.

Gemeint sind Dinge, die Menschen wie einem Esel vor die Nase gehalten werden. Eine Luxus-Jacht, Traumstrände, Flugreisen ins All oder Kinder, die für Eis essen mal schnell nach London fliegen. Das sind nur einige Beispiele für Maßlosigkeit. Wir lassen sie zu, sobald wir bereit sind, uns von materiellen Gütern einfangen zu lassen und im Gegenzug unsere Menschlichkeit und die Güte unserer Herzen verstauben lassen.

Unehrliches Handeln ist beispielsweise schon der Verkauf eines Produktes, dessen Preis überzogen ist. Wir erleben das täglich bei Rohstoffpreisen, also bei Gütern, die wir brauchen, von denen wir abhängig sind oder die unser Leben erleichtern.

In uns sind zwei Instanzen, die uns, wenn wir es zulassen, auf unserem Weg halten. Das ist unsere eigene Instanz, unser Gewissen und die Instanz unseres Schöpfers in Form unserer Seele. Beide lassen unsere Entscheidung zu. Sie beraten uns, wenn wir es wollen, aber sie lassen uns unseren Weg gehen. Hören können wir immer nur eine Instanz. Unser Gewissen bleibt, weil es ein Teil von uns ist. Was irgendwann unser Gewissen in die eigene Verantwortung entlässt und eigene Wege geht, ist unsere Seele.

Die folgenden Ausführungen dienen dem leichteren Verständnis des Zusammenhangs zwischen unserem Gewissen und unserer Seele:

Da haben wir wieder einen Gegensatz in der Dualität, von der wir meinen, dass er sich nicht vereinen lässt. Wenn wir von unserem dualen Wissen hier auf der Erde in der Materie ausgehen, ist das auch so. Wir meinen, unsere Gedanken und damit unser Gewissen ist nur uns alleine.

Tatsächlich ist es so, dass die Schöpfung, wir könnten auch sagen der liebe Gott, einen Teil von sich uns zur Verfügung stellt. Es ist unsere Seele und damit der Gegenpart zu unserem Gewissen. Währenddem wir damit beschäftigt sind, unser Leben hier in der Materie auf der Erde zu gestalten, steht sie uns mit ihrem Rat zu Seite.

Sobald wir stark genug sind und unsere Entwicklung so weit ist, entlässt uns unsere Seele in unsere Freiheit. Das soll heißen, dass wir so miteinander verbunden sind, dass wir immer Kontakt haben und wir sie beispielsweise um ihren Rat fragen können. Aber die Entscheidung über uns selbst treffen nur wir.

Deshalb auch die Vereinigung der Dualität. Die Dualität gibt es nur in der Materie. Sie hat darin ihren Platz, weil die Materie unsere Entwicklung ermöglicht. Wir können beispielsweise hier Gott „spielen", indem wir Leben schaffen. Wir können aber nicht Gott sein.

Wenn wir es schaffen, unsere körperlichen und geistigen Fähigkeiten in Einklang zu bringen, haben wir das Maximum des in dieser Realität Erreichbaren erreicht. Wir haben dann durch unseren Willen Gegensätze vereint, die von ihrer Natur her nicht vereinbar sind. Das schaffen wir nur, wenn wir unsere geistigen Fähigkeiten nutzen. Wir haben dann unser Entwicklungsziel hier in der Materie erreicht.

Bei sich selbst anfangen

Wir sind uns selbst am nächsten. Daher ist die beste Kontrolle für uns die Meinung unseres Gewissens. Wir können sie beherzigen. Es ist jedoch kein muss. Für uns selbst ist die Freiheit des Geistes, die Freiheit von uns selbst das höchste Gut. Es ist unsere Freiheit, so zu entscheiden und so zu leben, wie wir es wollen. Wir müssen ja auch mit den Konsequenzen unserer Entscheidung leben.

Dieses Leben in der Materie dient nur dazu, uns selbst näher zu kommen. Wenn wir außerdem noch lernen, auch mit anderen auszukommen und eventuell für sie auch Verantwortung zu übernehmen, hat dieses Leben mehr als seinen Zweck erfüllt.

Zum Verständnis:
Wir können uns selbst und andere, z. B. unseren Partner oder unsere Kindern nur annehmen, wenn wir fähig sind, Liebe zu entwickeln. Liebe ist die Eigenschaft, die alles Lebende kennzeichnet. Die Schöpfung ist schon großartig, hat sie es doch verstanden, Liebe zu dem verbindenden Element zu machen und das Leben in all seinen Facetten trotzdem zuzulassen. Das ist schon eine meisterliche Arbeit. Durch sie bekommen wir die Möglichkeit, dass wir unser Potenzial entwickeln.

Wir haben es alle miteinander, aber wir müssen selbst etwas daraus machen. Ob und wie, das überlässt uns die Schöpfung. Wir haben alle Freiheit und können uns entscheiden, ob wir, wie wir und zu was wir uns entwickeln.

Diese Welt, die Welt der Materie, ist für Geisteswesen nur eine Schule unter vielen. Was uns hier ermöglicht wird, ist die Grundprinzipien des Lebens und der Schöpfung zu verstehen. Die Freiheit, die wir haben, ist uns am Leben zu beteiligen, uns einzubringen und die Vorteile, die ein Miteinander bringt, zu nutzen.

Vergessen wir es nicht, wir alle, die Materie, die Planeten, die Natur und alles Lebende ist nur ein Bestandteil der Schöpfung. Aber alle und alles zusammen sind wir Eins.

Kapitel II:
Zukunft

1698 zu 2020:
- gleicher Blickwinkel

In über 300 Jahren hat sich unsere Sicht auf die Realität natürlich geändert.
(Quelle: www.todtmoos.de)

Über uns

Wir selbst, das mag für uns eine Neuigkeit sein, sind nicht die Größten im Universum, auch wenn man uns das sagt. Das ist nicht nur körperlich so, das ist auch geistig so. Wenn man die Entwicklung als Maßstab nimmt, sind wir eher Zwerge und stehen noch am Beginn.

Alleine die Kombination aus unserem Körper, unserer Seele und uns selbst kann dazu veranlassen, uns weiter zu entwickeln. Ein schönes Ergebnis wäre, wenn wir die Welt etwas demütiger sehen würden. Sie ist erhaltungswürdig. Auch wenn wir meinen, dass wir vieles an der Welt besser gemacht hätten. Beispiele gibt es genug, fangen wir doch bei uns selbst an.

In dieser Welt auf dieser Erde können wir uns beweisen und es besser machen wie die Schöpfung. Wir werden es nicht schaffen, besser zu sein. Aber auf diesem Weg können wir vieles lernen, um zu guten und nicht so von sich überzeugten Menschen zu werden.

Das ist eine unserer Eigenschaften. Fast alles meinen wir besser machen zu können. Die Schöpfung hatte auf der Erde viele Millionen Jahre Zeit zur Entwickelung. Entwicklung soll heißen, dass etwas besser gemacht werden kann. Es hat aus unserer Sicht sehr lange gedauert, weil Verbesserungen ja immer über unsere Gene an die nachfolgende Generation weitergegeben wurden.

Das ist die eine Seite, auch unser Körper hat sich in den vielen Jahrmillionen weiterentwickelt. Vergessen wir diesen Umstand nicht. Aus einfachsten Zellen ist unser komplexer Körper entstanden, der unserem Geist, also uns - ein Zuhause bietet.

Dadurch können wir uns von Wesen, die ständig alles besser wussten und besser konnten, zu dem entwickeln, was wir heute sind. Von ewigen Nörglern zu Wesen, die mit dem Leben verantwortungsvoll umgehen. Im Augenblick stehen Menschen an der Erkenntnis, dass Kapital nicht alles ist. Es lohnt sich auf Dauer nicht, für möglichst viel Kapital das Leben auf dem Planeten auszubeuten. Es hängt von der Bereitschaft der Menschheit ab, wie viel sie für diese Erkenntnis hinzunehmen bereit ist.

Wir lernen ständig. Nicht nur als Baby und Neugeborene. In dem Alter lernen wir, mit unserem Körper umzugehen. Als Kinder lernen wir, uns in dieser Welt zurechtzufinden. Als Erwachsene lernen wir, etwas zur Gesellschaft beizutragen, Leben zu schaffen und es groß zu ziehen. Als ältere Menschen lernen wir unter anderem, wie es ist alt und hilfsbedürftig zu werden. Und irgendwann lernen wir, wie es ist, zu sterben. Als geistige Wesen sterben wir nicht wirklich. Aber unser Körper stirbt und da wir uns mit ihm identifizieren, glauben wir, dass wir auch sterben.

Selbstbetrachtung (der Menschen)

Betrachten wir uns doch einmal selbst. Das, was wir wie durch einen Spiegel vorgehalten bekommen, sind wir:

Die Erde ist der Platz der ewigen Besserwisser. Menschen, denen man es nie recht machen kann, die meinen, es selbst besser zu wissen und besser zu können. Wir brauchen nur das Fernsehen einzuschalten oder den Computer oder das Handy. Wir merken es schon gar nicht mehr, wenn wir den ständigen Nörgeleien ausgesetzt sind. Das geht nicht nur uns so, dass uns etwas fehlt, wenn es mal nicht so ist. Dann wird es uns sogar in der Badewanne langweilig.

Die Menschheitsgeschichte beginnt nicht erst mit den Pharaonen, sondern viel früher. Die ersten Hochkulturen haben sich vor ca. 6.000 Jahren entwickelt. Davor hatte es auch schon Menschen gegeben. Diese waren mehr mit der Natur verbunden und haben dadurch auch die Natur erlebt. Das kann, weil wir in der Dualität leben, sehr schön sein, es kann auch nicht so schön sein. Beispielsweise empfindet man die Kälte der Nacht als naturverbundener Mensch sehr stark.

Diese Menschen haben durch ihre Lebensweise in der Natur das „Gott sein" und die Verbundenheit mit der Natur schon erlebt und sind zurück in die geistige Welt gegangen.

Danach kamen die Menschen der Hochkulturen, die beispielsweise einen Pharao als „Gott gleich" verehrt haben. Wir könnten jetzt auch ganz perfide sein und einmal den Spiegel von der Seite der geistigen Welt zu uns hinhalten. Wir Menschen können uns dadurch selbst durch den Spiegel der geistigen Welt sehen:

Es haben viele geistige Wesen auf die Erde inkarniert, um der Menschheit weiterzuhelfen und ihr die Rückkehr zur geistigen Welt zu erleichtern und vielleicht sogar möglich zu machen. In den vergangenen 6.000 Jahren kommt die Zeit der - sagen wir es so - „hart gesottenen" Menschen. Gemeint sind diejenigen in der Materie, die meinen das Leben besser gestalten zu können, wie das Göttliche. Nur dadurch lässt sich die Entwicklung hier auf der Erde in den letzten 6.000 Jahren erklären. Ein weiterer Hinweis ist, dass die heutigen Religionen nicht älter sind.

Und nun weg vom Spiegel und zurück zum Thema:
Die Menschen haben einen Pharao verehrt, als wäre er ein Gott. Diesen haben sie mit allem überhäuft, was sie hatten, einschließlich der Grabdenkmäler. Man hat versucht, auf der Erde einen Ort zu schaffen, der ähnlich wie die geistige Welt ist. Die Erkenntnis, dass das nicht geht, war hart. Die Menschen, die einen Menschen als Gott verehrt hatten, sind auch deshalb wieder zurück in die geistige Welt gegangen.

Sie konnten hier erleben, wie es ist, wenn jemand aus ihren Reihen gottgleich ist. Ähnlich ist es auch für Pharaonen selbst. Das wissen wir von einer Rückführung, bei der der Geist eines Pharaos noch in seiner Kammer saß und darauf wartete, dass er abgeholt wird.

Nach der Zeit der lebenden Götter kam die Zeit des Imperialismus. Das alte Rom war nicht die alleinige Macht. Es gab auch andere Kulturen, die wir aus der Sichtweise der Seelenentwicklung zu dieser Zeit rechnen können. Dazu gehören auch Inkas. Kennzeichen ist, dass mächtige Menschen machen konnten, was sie wollten. Ein Menschenleben hatte nichts gegolten. Beispielsweise haben Menschen in Arenas gegeneinander gekämpft, während die Mächtigen sich an dem Blut und sterben belustigten. So wie wir heutzutage in ein Kino gehen, wurde zum Zeitvertreib dem Abschlachten zugeschaut.

Die geistigen Wesen, die Macht in allen möglichen Variationen kennenlernen und am eigenen Leib spüren wollten, sind auch schon gegangen.

Wir kommen jetzt aus entwicklungsgeschichtlicher Sicht in das Mittelalter. Im frühen Mittelalter spielte noch Macht, die Institutionen über Menschen ausübten, eine Rolle. Später wurde dann Lug und Trug, also lügen und betrügen dominant. Sich selbst und andere betrügen, um zu Geld und Macht zu gelangen, war üblich. Beispielsweise hatte ein Papst neben seiner politischen Macht auch eine Familie. Auch jene, die Lügen und Betrügen für ihre Entwicklung benötigten, sind schon in die geistige Welt zurückgegangen.

Wir kommen dann in die Zeit, in der ganze Völker Macht ausgeübt hatten. Einige wenige Menschen konnten erreichen, dass ihnen ganze Völker folgten. Der Beginn ist die Zeit der Französischen Revolution und das Ende um der Zeit des II. Weltkrieges. In dieser Periode versuchten ganze Völker, über andere Völker Macht zu erhalten und sie auch auszurotten. Die Menschen aus dieser Zeit sind noch dabei, auf die andere Seite zu gehen.

Ein Merkmal für uns Lebende ist, dass Deutsche, die schon seit mehreren Generationen in diesem Land leben, immer weniger werden. Es ist für uns alle unbequem, aber es lohnt sich unter diesem Gesichtspunkt, also der Menschheitsgeschichte und speziell der Art und Weise, wie wir uns entwickeln, das Zusammenwirken zu betrachten.

Die Menschen, die diese Erfahrungen machen mussten, um ihrer Spiritualität näher zu kommen, sind auch schon gegangen und noch dabei zu gehen.

Was wir in der Neuzeit erleben, ist vor allem der Kapitalismus. Ein militärischer Krieg wird sicherlich nicht mehr begonnen, weil er nach Auffassung der Mächtigen zu teuer wäre. Ein Krieg Amerika gegen Russland oder China wird auf der Kapitalseite ausgetragen. Die Dummen dabei sind etwa 50 % der Menschheit, denen es wirtschaftlich immer schlechter gehen wird.

Bei den Menschen, die jetzt auf der Erde leben, geht es vorrangig um Reichtum, notfalls auf Kosten von anderen. Reichtum lässt sich nicht nur durch den normalen Verkauf von Waren erzielen. Mit überzogenen Preisen nimmt man anderen Geld weg, das sie dann nicht mehr für sich benutzen können. Übliche Verfahrensweisen sind auch Diebstahl, Sucht oder Rohstoffe, die aus der Erde geholt und teuer verkauft werden - überall.

Das sind nur einige Beispiele dafür, wie man im Kapitalismus an Geld kommen kann.

Viele Menschen leiden als Folge unter den Preisen. Es sind so viele Menschen wie noch nie auf der Erde. Daher sind so viele Menschen wie noch nie vom Kapitalismus und insbesondere vom Geld betroffen.

Die Lehre wird sein, dass nicht alles von Geld abhängig ist. Und, dass Kapitaleigner ihr Kapital beherrschen sollten und es nicht umgekehrt sein darf. Kapital darf Menschen nicht beherrschen. Aber, um das zu können, muss man als Mensch einen natürlichen Instinkt beherrschen, die Gier - und nicht umgekehrt.

Das Leiden der Natur wird vom Kapitalismus hervorgerufen.

Wenn manche Wissenschaftler versuchen zu belegen, dass Wandlung schon immer auf der Erde war, beispielsweise die Temperaturerhöhungen, kann man entgegenhalten, dass diese Veränderungen in viel größeren Zeiträumen stattgefunden hatten, nicht in 20-40 Jahren, eher in 20.000 Jahren. Viele haben die Winter bis 1980 noch selbst erlebt!

Dass die Erde sich verändert, lässt sich nicht leugnen. Wer es trotzdem tut, belügt vorrangig sich selbst. Wir können die Veränderung alle selbst beobachten. Was für unsere Entwicklung zurzeit ausschlaggebend ist, ist die Veränderungen auf der Erde durch die vielen Menschen und die Grenzenlosigkeit des Kapitals.

(1951 – Schneeräumung noch mit Ochsen)

Wir sollten auch nicht davon ausgehen, dass die spirituelle Welt dauerhaft bereit ist, Wesen, die sich von ihr losgesagt haben, wieder aufzunehmen. Geistige Wesen wollen einerseits der Menschheit helfen, in die spirituelle Welt zurückzukehren. Sie sind andererseits immer weniger dazu bereit, auf die Erde zu kommen.

Zur Erklärung: Es steht auch für geistige Wesen die Liebe und die Zuneigung zu Menschen gegen die Liebe und Zuneigung zu sich selbst. Die Gefahr und das Leid für geistige Wesen, die die Materie bereits hinter sich gelassen haben sind real, sobald sie auf der Erde inkarnieren.

Was wir in den Leben auf der Erde lernen

Was wir in diesen Leben in der Materie kennenlernen, sind auch die Schattenseiten des Lebens. Als spirituelle Wesen sind wir verwöhnt. Wir wissen nicht, was es heißt, ein Leben zu führen, in dem alles vorkommt. Glück und Liebe aber auch Hunger und Armut. Deswegen fällt es uns auch schwer, unser geistiges Leben zu schätzen. Uns ist es als geistige Wesen nicht klar, dass wir alles haben und aus dieser Sicht sehr verwöhnt sind.

Unsere Leben auf der Erde dienen dazu, dass wir das Leben insgesamt schätzen lernen und verstehen, so damit umzugehen, dass es auch bleibt und nicht in die Nichtexistenz zurückkehrt.

Das betrifft die Natur und uns, es betrifft alles Leben. Deshalb sollten wir die Schöpfung unterstützen und das Leben fördern. Die Schöpfung hat den Funken gegeben, der das Leben zum Leben erweckte. Was wir daraus machen ist unsere Verantwortung. Wir können, wenn wir wollen, das Leben ausnutzen und es benutzen. Das können wir so lange, bis das Leben am Leben die Lust verliert und lieber in die Nichtexistenz zurückkehrt.

Wollen wir das wirklich? Wollen wir wirklich so weiter machen wie bisher? Konkret bedeutet das, dass immer mehr Arten ihr Interesse am Leben auf der Erde verlieren. Weil es für sie einfacher ist, nicht zu leben als nur zu leiden. Es ist jetzt schon für viele Arten der Zeitpunkt erreicht, an dem sie lieber Tod sein wollen, als hier unter uns weiter zu leben. Wenn die Arten erst einmal gegangen sind, sind wir selbst an der Reihe, weil sich das Leben auch für uns nicht mehr lohnen würde.

Machen wir dazu ein kleines Beispiel: Ein Vogelpärchen lebt an einem Ackerrand. Es hat genügend Insekten, dass es sich gut ernähren und ein Nest mit Eiern bauen kann. Und plötzlich bleiben die Insekten weg. Das Vogelpärchen hat keine Chance, die Brut großzuziehen. Dies ist auch in den nächsten Jahren so. Nach drei Sommern ist das Vogelpärchen zu alt, um Nachwuchs zu bekommen und groß zu ziehen.

Weggeblieben sind in diesem Beispiel nicht nur Insekten, sondern auch andere Kleintiere, die um den Bauernhof lebten. In unserem Beispiel machen diese Entwicklung nicht nur Bauern. Die allermeisten Menschen sorgen dafür, dass Leben, so wie es war, nicht mehr möglich ist.

Das Leben lohnt sich? Ist das der richtige Begriff? Er umschreibt nur einen Zustand des Lebens. Er umschreibt den Zustand, dass ein Leben glücklich ist, sich zufrieden weiterentwickelt und die Teilhabe am Leben genießt. Dieser Zustand ist der Nichtexistenz vorzuziehen. Warum? Weil leben Spaß machen kann. Man muss sich nur auf das Leben einstellen, nicht das Leben auf die Wesen, die es hervorbringt. Die Entscheidung für oder gegen das Leben liegt bei jedem Wesen, egal ob es ein Grashalm, ein Virus, ein Löwe, ein Vogel oder ein Mensch ist.

Kommen wir zu uns Menschen zurück. Wenn wir die Hoffnung an uns erfüllen, dass wir nicht nur selbstständig unser Leben führen können, sondern auch die Verantwortung für uns selbst und das Leben übernehmen können, haben wir das an uns gesteckte Ziel erreicht. Dazu haben wir nicht nur die Körper erhalten, die wir dazu benötigen, wir haben auch die Intelligenz. Nun haben wir die Verantwortung, etwas aus diesen Gaben zu machen, und zwar so, dass das Leben und alles darin erhalten bleibt.

Das lernen wir im Gesamten. Auf der Erde im Speziellen lernen wir, Kritik gerecht anzuwenden, auch auf uns selbst und nicht nur auf die Schöpfung. Und vor allem lernen wir, Kritik zurückzunehmen, wenn sie nicht angebracht ist. Sich zu entschuldigen bringt nur eine bessere Situation, wenn man bereit ist, sich selbst den eigenen Fehler einzugestehen und ihn wieder gut machen.

Um das richtig zu verstehen, bekommen wir den Spiegel des Lebens vorgehalten. Auf der Erde geschieht genau das, was wir selbst verursacht haben. Es gelingt uns nicht, die Schuld auf die Schöpfung abzuwälzen. Wir müssen zusehen, was wir selbst auf der Erde angerichtet haben.

Wir bekommen uns selbst gezeigt. Indem wir das Verhalten unserer Gegner anschauen, sehen und können wir lernen, wie das Gegenteil funktioniert. Das nennt man: Den Spiegelvorhalten! Wenn es unserem Gegenüber gelingt, bekommen wir gezeigt, dass etwas funktioniert, auch wenn wir es ganz anders machen würden.

Wir würden dann endlich sehen und verstehen, dass sehr oft ein Ziel durch unterschiedliche Wege erreicht werden kann. Wir würden weiterhin lernen, dass Kritik wie eine Waffe sein kann, wenn sie verletzen soll.

Gut gemeinte Kritik, die nicht verletzen soll, sondern eine Tatsache von einer Seite beleuchtet, die wir nicht sehen, kann unseren Horizont erweitern. Sie ist konstruktiv und bewirkt eine Verbesserung.

Verstehen

Eine Sache macht es uns schwer, an Gott zu glauben. Dieses Kapitel soll sich um das Thema kümmern.

Wenn wir es so wollen und dadurch die Verhältnisse besser verstehen, ist Gott das Leben und die Weiterentwicklung des Lebens. Diese Vorstellung von Gott wandelt sich natürlich im Laufe unserer Entwicklung. Deshalb sollen wir uns ja kein Bild von ihm machen. So wie wir uns wandeln, so wie wir uns entwickeln, so wandelt sich auch unser Bild vom Göttlichen. Wir vermuten beispielsweise keine durch die Gegend flatternden Engel mehr, kindhafte Putten gibt es nach unserem Verständnis auch nicht und über einen Teufel, der auf einem Untier durch die Gegend reitet, lachen wir.

Er sieht uns, das ist doch genauso wichtig, als wenn wir ihn sehen würden. Wir sehen seine Manifestationen, die Welt und uns. Reicht das nicht? Wir haben es so weit gebracht, dass wir hoffen dürfen. Wir sind dabei, Gut und Böse zu erkennen. Wir haben auch erlebt, wie sich das eine mit dem anderen umgibt und dadurch bei uns den falschen Eindruck erweckt. Der äußere Schein trügt oft. Beispielsweise sind Kaiser und Könige auch nur Menschen. Durch die Erschließung unserer geistigen Sinne fallen wir auf solche Verblendungen immer weniger rein.

Ziehen wir zum leichteren Verständnis eine Linie. Was über der Linie ist, wird als Gut definiert, was unter der Linie ist als Böse. Dann erhalten wir folgendes Bild:

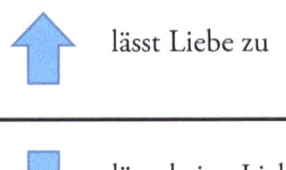

lässt Liebe zu

lässt keine Liebe zu

Mit so einem Bild verstehen wir unseren Weg besser. Wir sollten uns nicht wundern, dass die Bilder, die wir uns von Dingen oder Geschehnissen machen, sich wandeln. So wie sich unser Verständnis für das Leben wandelt, so wandeln sich auch die Bilder, die wir uns machen. Deshalb ist ein Bild, das unserem Verständnis dient, nur solange von Bedeutung, wie wir es zum Verstehen benötigen.

Und nun zum Verstehen selbst. Verstehen tun wir dann etwas, wenn wir nicht nur seine Erscheinung verstehen, sondern auch die Gründe, warum etwas zu so einer Erscheinung geführt hat.

Ein Beispiel hierfür wäre bedingungslose Liebe. Sie verbindet uns alle, auch diejenigen, die das überhaupt nicht wahrhaben wollen. Gemeint sind nicht nur diejenigen Menschen, die auf der Erde leben und die Liebe verneinen. Gemeint sind alle Lebewesen. Leben kann nur mit Liebe stattfinden. Ohne Liebe gibt es kein leben. Erst Liebe gibt dem Leben Sinn.

Was ist denn dann Liebe? Liebe können wir nicht definieren. Weil Liebe viele Erscheinungsformen hat. Wenn wir unsere eigene „Übersetzungsmatrix" anwerfen, oder einfacher ausgedrückt, wenn wir genau hinsehen, werden wir Liebe überall entdecken. Das soll heißen, dass Liebe etwas ganz Persönliches ist. Wir verstehen nur das, was in unserem Innersten ankommt als Liebe. Dann beurteilen wir, ob es Liebe ist oder etwas anderes.

So ist es auch in unserer dualen Welt. Die Dualität ist kein muss. Sie existiert nur, um Gegensätze klar zu machen. Als geistige Wesen sind wir wohl behütet und daher etwas dümmlich, was das Leben angeht. Dümmlich hat in der materiellen Welt eine andere Bedeutung als in der geistigen Welt.

Dümmlich bedeutet nur, etwas nicht zu wissen bzw. es nicht am eigenen Leib erfahren zu haben. Deshalb ist man noch lange nicht dumm, wie das Wort in der materiellen Welt verstanden wird.

Wir meinen, die Materie ist alles. Dabei ist die Materie nur geschaffen worden, um eine Grundlage zu bilden. Eine Grundlage für geistige Wesen, alles Wichtige ohne Konsequenzen erfahren zu können. In der Materie kann ein Leben geführt werden. Geboren werden, altern und dann sterben geht nur hier. Dieser Vorgang ist notwendig, um den Zyklus Werden-leben-Sterben vollends zu verstehen.

Erst dann kann das Verständnis für das Leben entstehen. Weiterhin kann in der Materie auch der Unterschied zwischen gut und böse klar gemacht werden. Beide Qualitäten können überall vorkommen. Deshalb ist es auch wichtig für uns, dass wir unterscheiden lernen.

Und das können wir nur, wenn wir unsere Liebe leben und zum Ausdruck bringen können. Wenn man es so will, ist die Erde ein Schulungsort für geistige Wesen. Im Laufe unserer Entwicklung hier ist das Gleichgewicht nicht mehr vorhanden. Das Leben hier hat sich zum Ungleichgewicht verändert. Ungleichgewicht gehört auch zur Schulung, da die Lernenden es so wollen. Es ist entstanden, weil von den Menschen nicht mehr die Natur als Vorbild genommen wird, sondern Eigenes als Vorbild dient.

Wir sind wieder einmal an einer entwicklungsgeschichtlichen Grenze der Menschheit angelangt. Eigentlich müssten wir langsam begreifen, welche Auswirkungen der Materialismus mit der Bedeutung von Kapital für uns erlangt hat. Wenn jedoch das Ungleichgewicht stabil wird, wenn es dauerhaft wird, wenn nur noch eine Seite bevorzugt wird, kann auch von außen eingegriffen werden.

Beispiele für aus geistiger Sicht überschrittene Grenzen:

Wenn in einem irdischen System ein einzelner Mensch zu seinem Vergnügen zum Schwimmen fliegt oder Kinder zum Eisessen mit einem Jet Kontinente wechseln, stimmt die Verhältnismäßigkeit nicht. Einerseits werden Ressourcen verprasst, andererseits hungern Menschen und Tiere.

Wie deutlich muss der Unterschied zwischen Hunger und Überfluss werden, bevor deren Gegenteil erkannt wird?

Wie steht die geistige Seite zu unserem Verhalten?

Auf der geistigen Seite hält man die wenigen Vorschriften, die es gibt, ein. Es gibt keine geschriebenen Gesetze. Jedes Individuum weiß, wie es sich verhalten muss. Es gibt einiges, das selbstverständlich ist. Deshalb wird nicht darüber geredet. Der Respekt vor dem Leben ist eines der Dinge, die alle berücksichtigen. Liebe umgibt alle und ist wie bei uns der Sauerstoff. Weitere Details werden zurückgehalten, weil sie für uns zu schwer verständlich wären. Was man uns jedoch mitteilen möchte, ist die Gefahr der aktuellen Entwicklung.

Natürlich beobachtet man uns und sieht den Schmerz und das Leid, das auf der Erde verursacht wird. Das Gleichgewicht, das an dieser Stelle gemeint ist, ist das natürliche Gleichgewicht. Die Menschheit geht immer mehr dazu über, Schmerz und Leid selbst zu verursachen. Es sind wenige Menschen, die die politische und die wirtschaftliche Richtung auf der Erde vorgeben. Es ist ein Instinkt aller, dass die meisten Menschen diesen Vorgaben folgen. Dies geschieht auch, weil Menschen das Chaos vermeiden wollen, das entstünde, wenn jeder das machte, was er für richtig hält.

Bis vor geraumer Zeit, nach irdischer Zeitrechnung sind das etwa 6.000 Jahre versuchten Menschen nur, den Naturgesetzen zu folgen, um so die Erfahrungen machen zu können, die sie für ihre weitere Entwicklung benötigten. Dann kamen aus der geistigen Welt die Religionsstifter, die versuchten, mit ihrem Wissen den auf der Erde lebenden Menschen ihre Entwicklung zu vereinfachen. Das klappte so weit gut, bis das Wissen der Religionsstifter von Menschen so verfälscht wurde, dass das Leben heute auf der Erde erst so möglich wird. Niemals hätten unsere Vorväter und Mütter vor 6.000 Jahren die Erde derart ausgebeutet, dass die Existenz des Lebens auf ihr bedroht ist.

Wenn wir in die Zukunft schauen und uns durch die Fiktion nicht weiter beeinflussen lassen, hat die Materie ihre Grenzen erreicht. Die geistigen Wesen, die uns beobachten, sind es leid, unserer Schlechtigkeit und unserer Verführung zuzusehen. Nicht weil sie dem nicht zusehen könnten, sondern weil sie sich das Leid und das Elend, das auf der Erde dadurch entsteht, nicht länger antun wollen. Ihr Interesse an unserer Entwicklung geht immer mehr verloren. Wenn wir an der geistigen Welt kein Interesse haben, sollten wir uns nicht wundern, wenn die geistige Welt auch an uns ihr Interesse verliert.

Wenn alle Wesen, die noch auf der Erde inkarnieren, zurück in ihrer wahren Heimat sind, wird hier die offene Hölle entstehen. Noch kann vieles abgemildert werden, nur geht die Erde in eine Situation, in der geistige Wesen nicht sein wollen. Vielleicht können wir durch diese Entwicklung lernen, zu uns zu stehen und nicht jedem zu folgen, der unser Vertrauen genießt. Vielleicht lernen wir, uns eine eigene Meinung zu bilden. Jeder entscheidet durch seine Handlungen selbst, wo er einmal leben möchte. Die geistige Welt klammert alles aus, was Liebe nicht unterstützt und fördert. Es ist unsere Entscheidung für oder gegen die Liebe.

Glauben - Weg zur Rückkehr in die geistige Welt

Glauben ist sicher nicht der einzige Weg für uns, aus dieser Hölle heraus zu kommen. Es ist nur der einfachste Weg. Wir können aus diesem endlichen Leben in das ewige Leben gehen, wenn wir den wirklichen Wunsch dazu haben.

Hilfreich ist der Glaube an uns, an die Kraft unsere Ziele zu erreichen, die Liebe zu allem was ist und zu guter Letzt der Glauben daran, dass wir einen Ursprung haben. Ob wir Schöpfer sagen oder Gott oder sonst irgendeinen Begriff wählen, der uns leicht über die Lippen geht und das ausdrückt, was es ist: Eine schöne, liebevolle Schöpfung, die alle und alles gleichbehandelt. Wir mögen die Instanz oder den Schöpfer oder denjenigen, der das alles geschaffen hat, nicht sehen oder hören. Doch wir sehen, hören und fühlen mit all unseren Sinnen, was geschaffen wurde, um das Leben sich selbst bewusst werden zu lassen.

Was wir dazu beitragen können, ist dieser Instanz beiseitezu-stehen und ihr behilflich zu sein. Was wir hier auf der Erde ler-nen, ist auch, ihr nicht im Weg zu stehen. Wer das alles nicht will, kann doch hierbleiben. Hier, in der Materie und speziell auf der Erde findet das Leben in all seinen Schattierungen statt. Wir bezeichnen diesen Ort zwar als Hölle, aber nur deshalb, weil er sehr unbequem sein kann.

Krieg, Hunger, Schmerzen, Tod - das ganze Leid findet neben den schönen Dingen, wie Frieden, Geburt, Heranwachsen, Wohlstand etc. hier statt. Jeder kann von allem haben. Bis wir dann eines Tages genug Schattenseiten erlebt haben, dass wir glücklich wären, diese Grenze zum Negativen endlich hinter uns lassen zu können.

Es liegt an uns, ob wir das wollen. Können und dürfen tun wir das. Wenn dieses Leben beendet ist, und wir das wirklich wünschen, wird uns unsere Seele dabei helfen, in das ewige Leben zu gelangen.

Und dabei hilft uns der Glauben. Das ist der Sinn des Glaubens. Ja zum ewigen Leben sagen. Wir sind willkommen. Wir müssen nur bereit sein, unsere Schattenseiten loszulassen, weil diese im göttlichen Leben keinen Platz haben.

Warum so ein Aufwand für unsere Entwicklung, die ja aus irdischer Sicht seit vielen Milliarden Jahre geht? Dieser Aufwand gilt dem Schutz der Liebe.

Zum Verständnis:

Liebe ist nicht nur ein Höhepunkt von Menschen, sie ist auch ein Kennzeichen vom Leben. Sie ist das verbindende Element zwischen allem Lebenden. Liebe kommt nicht nur zum Ausdruck, wenn ein Paar neues Leben schafft. Sie kommt einfach in allem zum Ausdruck. Sie ist für das Leben so wichtig, dass es sich lohnt, sie zu schützen. Es ist wie mit einer Pflanze in unserem Garten. Wir beschützen sie und freuen uns, wenn sie im folgenden Jahr wieder blüht. Durch unseren Schutz wird sie nicht ausgenutzt, weil die Liebe Gottes bedingungslos ist.

So ist es auch mit der Liebe in uns. Wenn wir fähig sind, Liebe zum Ausdruck zu bringen und bewusst zu leben, zum Beispiel in unserem Verhältnis zu unseren Kindern, sind wir zusammen mit der Liebe, die wir haben, schützenswert.

Wir können dann, sinnbildlich ausgedrückt, die Erde für immer verlassen, um in den Garten Gottes einzugehen.

Merken Sie, wie sich in Ihnen innere Freude auftut, wie es Ihnen warm ums Herz wird? Das ist unsere Freude darauf, wieder heimzukommen.

Wir haben die Schattenseiten des Lebens kennengelernt und brauchen sie nicht mehr. Für diese Erklärung haben wir den Glauben verwendet. Mit seinen Argumenten wurde versucht, unsere Entwicklung zu erläutern. Jetzt betrachten wir das Gleiche mit dem irdischen Ansatz und versuchen, die Bedeutung der Liebe zu erklären. Liebe ist neben allen anderen Erklärungen auch der Wunsch, das Leben zu fördern und es dort zu unterstützen, wo es unsere Hilfe benötigt. Sie braucht unseren Schutz. Ohne unseren Schutz ist die Liebe hier auf der Erde Kräften ausgeliefert, die sie benutzen und ausnutzen würden. Sicher haben Sie als Leser genügend eigene Beispiele.

Mit unserem irdischen Tod haben wir die Möglichkeit, an einen Ort zu gelangen, wo alles, das Liebe verneint, keinen Platz hat und deshalb nicht hinkommt. Keinen Platz haben heißt, dass etwas, das keine Liebe hat, nicht an jenem Ort zugelassen wird und wir ihn deshalb Paradies nennen.

Zurück zu Gott

Es mag sich für uns unglaublich anhören, wir tragen ihn in uns. Alles Lebende trägt Gott in sich. Gott ist das Leben. Unser Weg zu Gott ist der kürzeste Weg, den wir überhaupt gehen können. Es ist der Weg zu uns selbst. Er ist in allem Leben, so auch in uns.

Zur Erklärung: Das alles Leben über die Seele belebt ist, ist kein Geheimnis. Wir leben nur, weil Gott es so will und er gleichzeitig über die Seele in uns ist. Die Mechanik dazu übersteigt unsere derzeitigen Kenntnisse der Möglichkeiten. Eines sei verraten. Das Göttliche verhält sich zu uns ganz neutral. Wir dürfen hier auf der Erde schalten und walten wie wir wollen und wie es uns als richtig erscheint. Die Erde ist in einem sinnbildlichen Bild dargestellt unser Sandkasten, in dem wir spielen.

Vieles ist lustig und ideenreich, anderes schmerzt das Leben oder tut auch uns Menschen weh. Das Leben auf der Erde ist nicht einfach. Es findet ohne Göttliches dazutun statt. Wir können hier nach eigenen Gesetzen und Regeln schalten und walten, wie wir es für richtig halten.

Einen großen Vorteil hat unser Zurechtfinden in der Materie. Dass wir für unser normales tägliches Leben Herrscher über die Materie geworden sind, ist für uns eine Erleichterung. Wir sollten dabei bedenken, dass unsere Weiterentwicklung in der Materie, z. B. Handys oder fliegen, gleichzeitig die Möglichkeit erzwingt, dass wir uns von unserer Spiritualität weiter entfernen.

Diese fehlt uns immer mehr. Auf der einen Seite kommen wir mit der Materie immer besser zurecht, auf der anderen Seite entfremden wir uns immer mehr von unserem Glauben an das Leben - von unserem Glauben an Gott.

Wir brauchen wie zu früheren Zeiten keine Bauten mehr, die möglichst den Himmel ankratzen. Das soll heißen, dass unsere Kirchen und Tempel in der Vergangenheit möglichst groß sein sollten. Was haben die Menschen in früheren Zeiten - direkt ausgedrückt, geschuftet, um sakrale Bauten zu errichten?

Es geht viel einfacher. Wir Menschen haben uns weiterentwickelt. Unsere Sehnsucht nach unserem spirituellen Leben ist so groß geworden, dass wir bereit sind, den Weg zu uns zu gehen. Wir wissen es nur noch nicht, es ist uns nicht bewusst, dass wir das Göttliche über unsere Seele in uns tragen.

Man mag es kaum wahrhaben, das Göttliche ist unser Partner. Es ist unser Partner bei unserer Entwicklung zu uns selbst. Und aus dieser Partnerschaft entwickelt sich irgendwann eine Freundschaft. Ja, wir können nicht nur, wir sind es - Freunde.

Die Erde dient dazu, unsere Größe zu erreichen. Was es uns nicht ganz einfach macht, sind die Ablenkungen darin. Was wir für uns selbst nicht brauchen, sind viel Geld oder Macht. Was wir für uns selbst brauchen, ist Liebe. Weil Liebe das verbindende Element zu allem Existierenden ist. Sie ist das verbindende Element zu allen Geschöpfen und zum Leben selbst.

Zusammenfassung

Menschen sind ein Ergebnis des Lebens. Leben findet überall auf dem Planeten statt. Es hat sich über Milliarden Jahre hier entwickelt, um zu dem zu werden, was es ist - reichhaltig und vielfältig. Das Leben versucht sich immer neu. Im Laufe der Entwicklung vom Einzeller bis zu der komplexen Tierwelt und hin zum Menschen hat das Leben mehrere Kennzeichen:

- es entscheidet selbstständig
- es ist unabhängig, wenn es mit anderen Spezies eine Verbindung eingeht, ist diese nur symbiotisch
- wenn wir Gott suchen, finden wir seine Manifestationen im Leben, d. h. in den Arten
- wir werden vom Leben mit Respekt behandelt
- wir sollten das Leben auch mit Respekt behandeln
- die Materie und damit auch die Erde sind begrenzt
- bevor wir Unbegrenztheit erfahren, müssen wir erst die Vor- und Nachteile von Begrenzungen erfahren und damit umgehen lernen
- größte aktuelle Herausforderung an uns ist das Kapital
- Kapital beherrscht uns, nicht wir das Kapital
- da wir Kapital geschaffen haben, müssen wir auch für die Kontrolle und die Begrenzung sorgen
- die Materie ist begrenzt, das geistige Leben ist es nicht

Erläuterungen zum Sterben

Um auf die Erde kommen und Erfahrungen zu sammeln, muss man als geistiges Wesen dem Gesetz der Materie folgen. Man lässt jegliche Erinnerung an sein eigentliches, geistiges Leben zurück. Der materielle Körper und damit sein Gehirn wird ja neu gebildet und muss daher geschult werden.

In einem Stadium, in dem unsere Erinnerung nicht oder noch nicht funktioniert, z. B. als Fötus, nimmt unsere Seele trotzdem wahr. So kann beispielsweise die Seele eine Erinnerung an die Schwangerschaft der Mutter 40 Jahre nach der Geburt über die Zeit der Schwangerschaft über ein Trauma mitteilen. Das mag gesponnen klingen. Es ist jedoch das Beispiel für das Entstehen von einem Trauma und die Heilung durch Annehmen (ja, es war so) und betrachten aus dem sicheren Abstand der Zeit in der nötigen Ruhe und Gelassenheit. Dieses reale Beispiel handelt vom Entstehen von einem Trauma bei einem Fötus durch die Vergewaltigung der Mutter durch den Vater während des 5. Monats ihrer Schwangerschaft. Zum Verständnis: Im Mutterleib können wir als ungeborenes Kind mit den Augen der Mutter sehen. Unsere anderen Sinne funktionieren auch schon rudimentär. Dadurch kann uns unsere Seele mitteilen, dass ein Trauma besteht.

Rückführungen in dieses oder andere Leben mit vielen Menschen bringen Wissen und Erfahrungen. Irgendwann ist die Zusammenarbeit mit dem Jenseits nicht mehr etwas Fremdes. Das Jenseits wird zu einem Bestandteil des täglichen Lebens.

So schön die Erde und die Natur auch sein können, gibt es in der Materie auch Schattenseiten wie Hunger und Tod. Das Böse hat hier genauso Platz wie das Gute. Die Materie ist für Geisteswesen, wie wir es sind, deshalb die Hölle. Wir erfahren hier nicht nur Glück, wir erfahren auch Schmerz und Leid. Wir bleiben so lange hier, wie wir benötigen, um den Unterschied zwischen Gut und Böse zu verstehen und zu verinnerlichen. Wenn wir das verstanden haben, können wir Menschen in unserer Entwicklung weiter gehen.

Liebe ist dabei unabdingbar und als Bindeglied zwischen allem unverzichtbar. Wer fähig zur Liebe ist, für den vereinfacht sich seine Entwicklung. Liebe ist überhaupt eine der Voraussetzungen, durch die Leben entstehen kann. Wir betrachten die Liebe als selbstverständlich und meinen, wenn wir uns körperlich vereinigen, hätten wir genug Liebe zum Ausdruck gebracht. Wer so denkt und nicht bereit ist, zur Liebe eine umfassendere Einstellung zu finden, darf hier in der Materie bleiben.

Wir können die Entwicklung der Menschheit auf der Erde beobachten und dazu auch Blicke in unsere Vergangenheit werfen. Das ist unsere Historie, die nicht nur vor vielen Jahren, sondern schon vor Jahrmillionen stattgefunden hat. Darüber hinaus ist die Erde nicht unsere einzige Existenz. Die Schöpfung hat auch schon Entwicklungslinien beendet, weil diese keinen Erfolg hatten. Keinen Erfolg haben heißt konkret, dass kein Respekt vor dem Leben entwickelt wurde, es wurde nur ausgenutzt. Das droht auch der Menschheit mit der Erde. Wenn wir das Leben missachten und Kapital weiter so verehren und damit unsere

Kräfte verschwenden, brauchen wir uns nicht wundern, wenn die Schöpfung irgendwann die Erde aufgibt.

Die Selbstvernichtung durch Kriege haben wir hoffentlich gemeistert. Was jetzt ansteht, ist die mögliche Vernichtung der Erde, unserer Existenz, durch unsere Unwissenheit auf der einen Seite und unserer Vermessenheit auf der anderen Seite. Gemeint ist nicht das materielle Wissen. Das ist gut. Gemeint ist unser geringes spirituelles Wissen. Das könnte viel besser sein, wenn unsere Religionen nicht stagnieren würden und wir alle uns mit unserer Spiritualität mehr beschäftigen würden. Woher kommen wir, was machen wir hier? Solche Fragen beschäftigen uns auch und bedürfen der Antworten.

Wenn wir damit anfangen würden, wäre es einfach. Der richtige Weg ist durch die Natur vorgegeben. Wir brauchen lediglich ihre Grenzen zu beachten und zu übernehmen. Einfacher geht es nicht: Wo die Grenze des einen anfängt, ist die Grenze des anderen zu Ende. Wir würden damit die Schöpfung als Vorbild nehmen und unserem Schöpfer folgen.

Hilfreich für uns wäre es, wenn wir dabei unsere Gier kontrollieren könnten und nicht diese uns. Das wird möglich, wenn wir bereit sind, unterbewusste Blockaden aus diesem oder anderen Leben anzuerkennen und sie aufzulösen. Falls sie unsicher sind, was mit Gier gemeint ist, schauen Sie auf ihre Waage.

Gier und jeder andere Instinkt können ohne entsprechende Blockaden nicht so stark werden, dass sie stärker wie unser Wille werden. Die Blockaden sind aus diesem und anderen Leben und uns deshalb nicht bewusst. Sie können uns allerdings durch Ihre Wirkungen auffallen. Oft sind das gesundheitliche Probleme, sie können aber auch Ursache jeglicher Art von Problemen sein.

Es gibt vieles zu sagen. Wie wäre es, wenn Sie sich selbst auf die Entdeckungsreise zu sich begeben? Wir sind alle gleich. Die Vorteile oder Probleme von anderen sind uns oft genug an uns selbst bekannt.

Wir sollten unser Möglichstes tun, um diesen Ort, den wir Hölle nennen, wo es Gut und Böse gibt, Schmerz und Hunger, Alter und Krankheit, möglichst für immer verlassen und zu dem Ort zurückkehren, der unser eigentliches Zuhause ist.

Religionen und deren Kirchen sollten uns Menschen helfen, zu unserem Ursprung zurückzukehren. Sie sollten ein Spiegel für das Leben und die Liebe sein, die die geistige Welt für uns hat. Wir sind wie Kinder, die nach ihrer Forschungsreise geläutert und um einiges schlauer wieder heimkehren. Dabei lassen wir nur den Sandkasten, den wir Materie nennen, hinter uns.

Die Grenze von unserem materiellen Leben zu unserem eigentlichen geistigen Leben überschreitet man durch sterben. Dieser Vorgang ist erforderlich, um die Lösung von unserem Körper zu ermöglichen. Wie kann die Annäherung an das Sterben einfach beschrieben werden? Also den Punkt, an dem das Ich (Bewusstsein, Ego, Erinnerung) und unsere Seele unseren Körper für immer verlassen. In diesem Leben bilden unser Körper, unsere

Seele und wir eine Einheit. Solange wir zusammen sind, sind wir Eins. Einerseits sind uns dadurch Erfahrungen und Erlebnisse möglich, die in der geistigen Welt nicht möglich wären. Beispielsweise können wir als geistige Wesen kein Leben schaffen. Das kann aber in der Materie unser Körper, in der geistigen Welt nur das Leben selbst. Andererseits spüren wir die Angst unseres Körpers vor dem Tod. Diese Angst überlagert leicht die Freude unseres Ich, wieder nach Hause zu kommen.

In der Materie kann ein Körper alleine nicht leben, er benötigt ein „Betriebssystem", also uns. Und wir können ohne die Hilfe unserer Seele nicht in den Körper inkarnieren. Zusammen bilden wir eine Einheit, die so gut ist, dass wir glauben und es auch so empfinden, unser Körper zu sein. Dabei sind wir so viel mehr.

Sinn und Zweck ist es, unsere Ausbildung zu dem, was wir wirklich sind, zu fördern. Unsere Entscheidung ist freiwillig. Sie wird uns nicht aufgezwungen. Wir wollen uns weiter entwickeln. Dazu ist es notwendig, dass wir Herr über uns selbst werden und nicht andere oder anderes. Damit unser eigener freier Wille nicht verkommt, sondern zu dem werden kann, der er wirklich ist, müssen wir durch die Schule des Lebens gehen. Sinn ist, das Leben mit unserer Liebe zu fördern und es nicht auszunutzen. Das will gelernt sein, weil es viele Möglichkeiten gibt, die dazu auch noch sehr verführerisch sein können.

Zu unserem Gewissen:

Wir brauchen es, um richtig von falsch unterscheiden zu können. Zu Beginn unserer Entwicklung ist unser Gewissen noch nicht ausgebildet. Dafür sind wir selbst zuständig. Unsere Seele übernimmt die Funktion des Ratgebers, bis wir selber in der Lage sind, unser Leben auch in der geistigen Welt selbstständig zu führen. Während wir auf der Erde noch gewissenlos handeln können, dient uns unser Gewissen immer mehr, je weiter wir in unserer Entwicklung kommen. Irgendwann benötigen wir die Erde für unsere Entwicklung nicht mehr. Dann ist es an der Zeit, in die geistige Welt zurückzukehren. Die Entscheidung dazu fällen wir zum Zeitpunkt unseres irdischen Todes selbst.

Dazu eine nähere Beschreibung:

Anfangs ist unser eigenes Gewissen noch wie ein weißes Blatt Papier. Wir haben keinerlei eigene Erfahrung und auch kein eigenes Wissen. Wir haben jedoch unsere Seele. Wir glauben, dass Sie ein Teil von uns ist. Wenn wir im Laufe unserer Leben hier auf der Erde unser eigenes Gewissen heranbilden, zieht sich unsere Seele nahezu unmerklich immer mehr zurück. Je mehr und je besser wir in die Lage kommen, eigene Entscheidungen auf der Basis von eigenen Erfahrungen und selbst Gelerntem zu fällen und dadurch die Grenzen des Lebens einhalten können, desto mehr kommen wir in die Lage, uns mit unserer Seele zu beraten. Das wirklich Schöne dabei ist, der Kontakt zu ihr reißt niemals ab.

Es folgt ein Schema, das einer einfacheren Beschreibung dient:

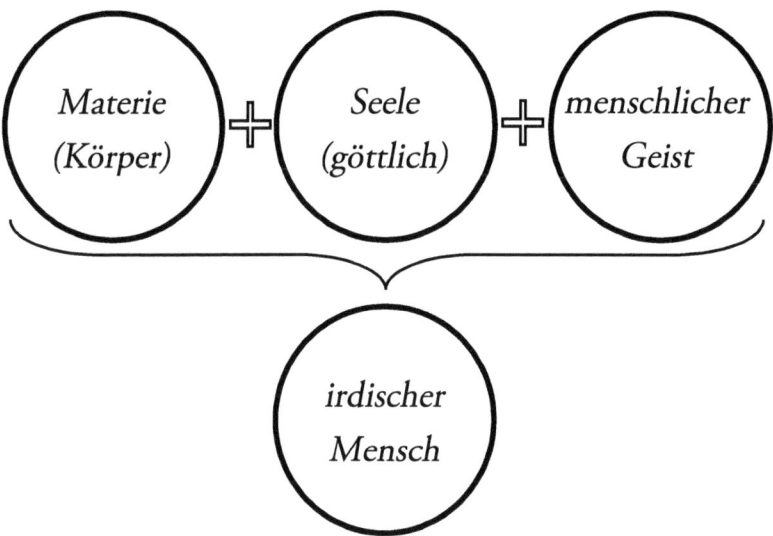

Jesus von Nazareth kann auch weiterhin unser Leitbild sein. Wir können ihm ruhig folgen. Er hat den Leitfaden für uns in diese Welt gebracht: *Liebe Deinen Nächsten wie Dich selbst.*

Wer ist unser Nächster? Es ist unsere Seele.

<u>Für den Leser:</u>
Haben Sie Mut bei der Entwicklung zu sich selbst.

Über den Autor:

Günther Messerschmid, 1955 im Südschwarzwald geboren und dort aufgewachsen. Es folgte eine Ausbildung, Bundeswehr, Studium und danach die Arbeit in mehreren internationalen Konzernen und im eigenen Betrieb.

Die Beschäftigung u. a. mit Astrologie, Lichtarbeit, Buddhismus, Kabbala und eine Ausbildung zum Reiki-Meister ermöglichte das Erforschen der Grenzen menschlichen Seins. Die Arbeit mit Trauma und Karma ist für ihn die effektivste Methode, die Seele von den Belastungen der Vergangenheit zu befreien.

(Sept. 2019)

Zwei Bücher mit dem Thema „Seele" waren Ende 2018 nach fast 30 Jahren Erkenntnisarbeit geschrieben, aber nicht veröffentlicht. Dazu brauchte es 2019 und 2020 die Erkenntnisse aus normalerweise tödlichen Krankheiten. Unter anderen eine Sepsis, zwei Herzstillstände und ein Organversagen beim Autor brachten die Bereitschaft, das erlangte Wissen weiterzugeben.

Weitere Bücher des Autors:

Das Trauma der Seele

Inspiration, Imagination, Fantasie, Verstand, Denken und Sprache sind nur ein Teil ihres Spektrums. Ihre Fähigkeiten überschreiten bei Weitem das durch unseren Verstand vorstellbare Maß. Unser Gehirn ist lediglich der organische Vermittler zu unserem Körper. Mehr nicht.

Der Ausdruck der Seele kann durch traumatische Erlebnisse behindert oder verhindert werden. Das Buch beschreibt, wie Trauma durch die Verletzung der Integrität unserer Seele entsteht. Es beschreibt auch die Auswirkungen durch Traumas aus diesem und aus anderen Leben und wie sie geheilt werden können.

132 Seiten   ISBN: 9 783748 165798

Dem Himmel so nah

Wir leben im 21. Jh. und können die letzten Fragen, wer wir sind, woher wir kommen und wohin wir gehen, immer noch nicht eindeutig klären. Wir können diese Fragen nicht mit den wissenschaftlichen Methoden beantworten, die uns zum Mond brachten. Wir können jedoch die Antworten in uns finden, indem wir die Fähigkeiten nutzen, die jedem Menschen innewohnen.

Dann wird die Wahrheit zu Wissen, auch wenn wir sie nicht messen, wiegen oder zählen können. Dieses Buch bietet den Ansatz, über Erfahrung mit sich selbst und das Erleben von sich selbst zu sich zu finden, zur Quelle unseres Seins.

190 Seiten   ISBN: 9 783748 181439

Die Wahrheit darf wahr werden

 Was an Möglichkeiten und Fähigkeiten in uns schlummert, lässt sich vielfach beschreiben. Aus der Sicht des Heilers werden Wege aufgezeigt, wie Raum und Zeit hinter sich gelassen werden können, um dort zu heilen, wo Krankheit ihren Ursprung hat.

Das Buch beschreibt auch die Gefahren unserer heutigen Zeit, die in der Tiefe unseres Unterbewusstseins unsere Seele belasten. Es soll informieren, nicht überzeugen. Es ist die Summe von Erlebnissen und Erfahrungen der Zusammenarbeit einiger Menschen über 25 Jahre. Daher sind die inhaltlichen Beschreibungen und Erzählungen nicht mehr subjektiv, andererseits auch noch nicht objektiv, weil gleichartige Erkenntnisse vieler nicht einfließen konnten.

Dies ist die Hoffnung für die Zukunft. Das künftige Generationen sich vermehrt und vertieft mit dem Thema geistige Heilung beschäftigen. Dann vielleicht auch mit wissenschaftlichen Ansätzen, die über die reine Beobachtung der Möglichkeiten hinausgehen.

126 Seiten   ISBN: 9 783752 623970

Ich war dreimal tot

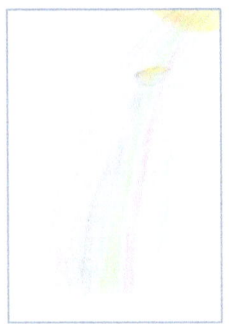 Wir Menschen meinen, dass das Leben hier auf der Erde in Stein gemeißelt ist. Das es fest wie Beton ist und unveränderlich. Wir meinen und lassen uns einreden, dass es außer dem Leben auf der Erde kein anderes Leben im Universum gibt.

Es ist so wie vor ca. 400 Jahren, als Galileo Galilei sein Weltmodell veröffentlichte, nämlich die Erde sei rund und kreist um die Sonne. Er hat nicht nur exakt beobachtet, er hat auch die richtigen Schlüsse gezogen.

Ähnlich ist es heute wieder. Die Menschheit steht vor einer großen und für sie wichtigen Erkenntnis und sie sagt erst mal: Nein, das kann nicht sein. Wahrscheinlich braucht es einige Generationen von Menschen, die dann in der Lage sein werden, unsere höheren Sinne anzunehmen und die Erkenntnisse aus ihnen als Möglichkeit der Entwicklung anzunehmen.

Im Grunde ist die Behauptung einfach:
Der Mensch hat eine unsterbliche, raum- und zeitlose Seele.
Über seine Seele ist ein Mensch mit allem verbunden, was ist.

100 Seiten   ISBN: 9 783754 327050